5급

쉽게 따는 행복漢한 급수한자

새희망

한자능력검정시험안내

급수?

✣ 한자능력검정시험이란 ?

· 한자능력검정시험은 한자 활용 능력을 측정하는 시험으로 공인급수 시험(특급, 특급Ⅱ, 1급, 2급, 3급, 3급Ⅱ)과 교육급수 시험(4급, 4급Ⅱ, 5급, 5급Ⅱ 6급, 6급Ⅱ, 7급, 7급Ⅱ, 8급)으로 나뉘어져 실시합니다.

· 한자능력검정시험은 1992년 처음 시행되어 2001년부터 국가공인자격시험(1급~4급)으로 인정받았고 2005년 29회 시험부터 3급Ⅱ 이상은 국가공인시험으로 치러지고 있습니다.

· 자세한 내용은 시행처인 한국 한자능력검정회 홈페이지 www.hanja.re.kr에서, 시험점수와 합격안내는 www.hangum.re.kr을 참조하세요!

✣ 어떤 문제가 나올까요?

각 급수별로 문제 유형은 아래 표와 같습니다.

구분	특급	특급Ⅱ	1급	2급	3급	3급Ⅱ	4급	4급Ⅱ	5급	5급Ⅱ	6급	6급Ⅱ	7급	7급Ⅱ	8급
독음	45	45	50	45	45	45	32	35	35	35	33	32	32	22	24
훈음	27	27	32	27	27	27	22	22	23	23	22	29	30	30	24
장단음	10	10	10	5	5	5	3	0	0	0	0	0	0	0	0
반의어(상대어)	10	10	10	10	10	10	3	3	3	3	3	2	2	2	0
완성형(성어)	10	10	15	10	10	10	5	5	4	4	3	2	2	2	0
부수	10	10	10	5	5	5	3	3	0	0	0	0	0	0	0
동의어(유의어)	10	10	10	5	5	5	3	3	3	3	2	0	0	0	0
동음 이의어	10	10	10	5	5	5	3	3	3	3	2	0	0	0	0
뜻풀이	5	5	10	5	5	5	3	3	3	3	2	2	2	2	0
약자	3	3	3	3	3	3	3	3	3	3	0	0	0	0	0
한자 쓰기	40	40	40	30	30	30	20	20	20	20	20	10	0	0	0
필순	0	0	0	0	0	0	0	0	3	3	3	3	2	2	2
한문	20	20	0	0	0	0	0	0	0	0	0	0	0	0	0

· 독음 : 한자의 소리를 묻는 문제입니다.
· 훈음 : 한자의 뜻과 소리를 동시에 묻는 문제입니다. 특히 대표훈음을 익히시기 바랍니다.
· 반의어.상대어 : 어떤 글자(단어)와 반대 또는 상대되는 글자(단어)를 알고 있는가를 묻는 문제입니다.
· 완성형 : 고사성어나 단어의 빈칸을 채우도록 하여 단어와 성어의 이해력 및 조어력을 묻는 문제입니다.
· 동의어.유의어 : 어떤 글자(단어)와 뜻이 같거나 유사한 글자(단어)를 알고 있는가를 묻는 문제입니다.
· 동음이의어 : 소리는 같고, 뜻은 다른 단어를 알고 있는가를 묻는 문제입니다.
· 뜻풀이 : 고사성어나 단어의 뜻을 제대로 알고 있는가를 묻는 문제입니다.
· 한자쓰기 : 제시된 뜻, 소리, 단어 등에 해당하는 한자를 쓸 수 있는가를 확인하는 문제입니다.
· 필순 : 한 획 한 획의 쓰는 순서를 알고 있는가를 묻는 문제입니다. 글자를 바르게 쓰기 위해 필요합니다.

7급
합격!

· 5급 출제 유형 : 독음35 훈음23 반의어3 완성형4 동의어3 동음이의어3 뜻풀이3 약자3 쓰기20 필순3

＊ 출제 기준은 기본지침으로서 출제자의 의도에 따라 차이가 있을 수 있습니다.

합격 기준표

구분	특급·특급II	1급	2급·3급·3급II	4급·4급·5급·5급II	6급	6급II	7급	7급II	8급
출제 문항수	200		150	100	90	80	70	60	50
합격 문항수	160		105	70	63	56	49	42	35
시험시간	100분	90분	60분	50분					

✣ 급수는 어떻게 나뉘나요?

8급부터 시작하고 초등학생은 4급을 목표로, 중고등학생은 3급을 목표로 두면 적당합니다.

급수	읽기	쓰기	수준 및 특성 배정한자
특급	5,978	3,500	국한혼용 고전을 불편 없이 읽고, 연구할 수 있는 수준 고급
특급II	4,918	2,355	국한혼용 고전을 불편 없이 읽고, 연구할 수 있는 수준 중급
1급	3,500	2,005	국한혼용 고전을 불편 없이 읽고, 연구할 수 있는 수준 초급
2급	2,355	1,817	상용한자를 활용하는 것은 물론 인명지명용 기초한자 활용 단계
3급	1,817	1,000	고급 상용한자 활용의 중급 단계
3급II	1,500	750	고급 상용한자 활용의 초급 단계
4급	1,000	500	중급 상용한자 활용의 고급 단계
4급 II	750	400	중급 상용한자 활용의 중급 단계
5급	500	300	중급 상용한자 활용의 초급 단계
5급 II	400	225	중급 상용한자 활용의 초급 단계
6급	300	150	기초 상용한자 활용의 고급 단계
6급 II	225	50	기초 상용한자 활용의 중급 단계
7급	150	-	기초 상용한자 활용의 초급 단계
7급 II	100	-	기초 상용한자 활용의 초급 단계
8급	50	-	한자 학습 동기 부여를 위한 급수

* 상위급수의 배정한자는 하위급수의 한자를 포함하고 있습니다.

✣ 급수를 따면 어떤 점이 좋을까요?

- 우리말은 한자어가 70%를 차지하므로 한자를 이해하면 개념에 대한 이해가 훨씬 빨라져 학업 능률이 향상됩니다.
- 2005학년부터 수능 선택 과목으로 한문 과목이 채택되었습니다.
- 수많은 대학에서 대학수시모집, 특기자전형지원, 대입면접시 가산점을 부여하고 학점이나 졸업인증에도 반영하고 있습니다.
- 언론사, 일반 기업체 인사고과에도 한자 능력을 중시합니다.

축 합 격!
합격증

다양한 학습 방법으로 기초를 튼튼히!!!

✤ 기본 학습

한자 유래
재미있는 그림과 함께 한자 유래 알기

훈(뜻)과 음(소리)
한자 익히기의 기본인 훈(뜻)과 음(소리)을 알기

뜻 그림
한자의 뜻을 알기 쉽게 그림으로 표현

필순
한자를 바르고 쉽게 따라 쓰기

쓰기 연습란
충분한 반복 쓰기 연습

단어
해당 한자가 들어 있는 단어

5급 급수한자.kr

월 일 확인:

加

더할 가 (力부)

한자의 유래
쟁기의 모양을 본뜬 力(힘 력)과 입으로 '칭찬하다'는 뜻을 결정한 口(입 구)가 합쳐져 쟁기로 일하는 사람이 입으로 노동요를 불러 힘을 '더' 내도록 한다는 뜻입니다.

ㄱ 力 力 加 加 (총 5획)

필순에 따라 빈 칸에 한자를 쓰고 훈과 음을 쓰세요.

加 더할 가

교과서 한자
· 加算(가산) : 더하기.
· 加重(가중) : 더 무겁게 함.

加算 加重

8

5급 과정
加 더할 가
可 옳을 가
改 고칠 개

✤ 한자 소개

앞으로 배울 한자를 10자씩 유래 그림과 함께 소개합니다.

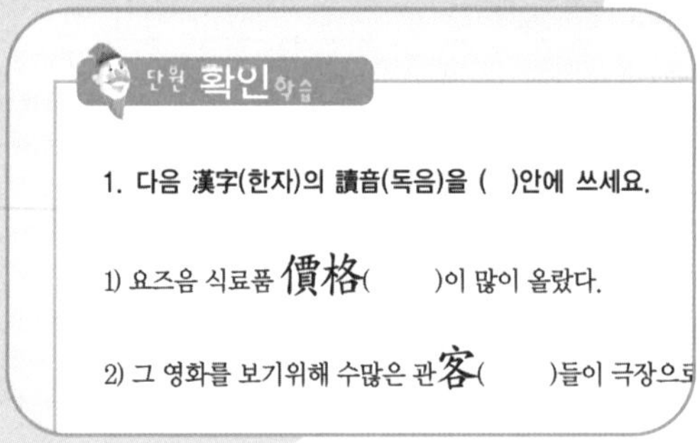

단원 확인학습

1. 다음 漢字(한자)의 讀音(독음)을 (　)안에 쓰세요.

1) 요즈음 식료품 價格(　　)이 많이 올랐다.

2) 그 영화를 보기위해 수많은 관客(　　)들이 극장으로

✤ 단원 확인 학습

앞서 배운 한자의 독음 쓰기와 선택형 문제 풀기 등 두 가지 유형의 문제를 풀어 봅니다.

이 정도 실력이면 급수따기 OK!

예상문제 感強開京苦古光交區郡

3) 後光 (　　　　)
4) 區間 (　　　　)

5. 다음 漢字(한자)와 音(음)이 같은 漢字(한자)를 고르세요.

1) 强 (　　) ①家 ②安 ③間 ④江
2) 苦 (　　) ①高 ②平 ③工 ④京
3) 敎 (　　) ①前 ②交 ③果 ④方
4) 口 (　　) ①同 ②正 ③區 ④郡

✣ 예상문제

단원별로 한자능력시험의 예상문제를 제시하였습니다.

만화로 읽는 사자성어
過猶不及(과유불급)
모든 사물이 그 정도를 지나침은 도리어 미치지 못한 것과 같다는 말입니다.
우와~ 참외다.
그래, 많이 먹거라.
할아버지 감사합니다.
음~ 맛있어, 맛있어.

✣ 만화 사자성어

사자성어를 만화로 쉽게 이해할 수 있게 구성하였습니다. 배운 사자성어를 생활 속에서 적절히 사용해 보세요.

실전대비 총정리

○ 다음 漢字語(한자어)의 獨音(독음)을 쓰세요. (1~50)

〈보기〉 漢字 → 한자

1. 貴人　2. 畫家
3. 河川　4. 方向

✣ 실전대비총정리

단원별 학습이 끝난 후 배운 내용을 총정리할 수 있는 문제로 다시 한 번 학습합니다.

유의어 학습

⊙ 다음 유의어를 읽고, 바르게 따라 써 보세요.

家屋	家(집 가) 屋(집 옥)	사람이 사는 집	家屋
家宅	家(집 가) 宅(집 택)	사람이 사는 집	家宅
競爭	競(다툴 경) 爭(다툴 쟁)	서로 겨루어 봄	競爭
計算	計(계산할 계) 算(계산할 산)	수량을 셈, 값을 치름	計算
過去	過(지날 과) 去(갈 거)	지나간 때, 지난 날	過去
過失	過(지날 과) 失(잃을 실)	잘못이나 허물	過失

✣ 부록

- 유의어, 상대어
- 일자다음어, 사자성어
- 약자, 혼동하기 쉬운 한자

7급 ① 한자 복습　월　일 확인:

필순에 따라 한자를 써 보세요.

工 장인 공 / 工 - 총 3획
- 工具(공구)
- 동음이의어 : 空(빌 공), 公(공평할 공), 共(한가지 공), 功(공 공)

場 마당 장 / 土 - 총 12획
- 工場(공장)
- 동음이의어 : 長(길 장)

✣ 8급, 7급, 6급, 5급Ⅱ

모의 한자능력검정시험 제1회

第1回 漢字能力儉定試驗 5級

① 다음 漢字語의 讀音을 쓰세요. (1~35)

〈보기〉 天地 → 천지

1. 高價
2. 古今

13. 家具
14. 特別
15. 功德
16. 價格
17.

제 2회 한자능력검정시험 5급 답안지

✣ 모의한자능력시험

실제 시험과 똑같은 답안지와 함께 제공되어 실제 시험처럼 풀면서 실전 감각을 익힐 수 있습니다.

찾아보기 (5급 100자)

5급 과정

1 + 2 = 3

加
더할 가

可
옳을 가

改
고칠 개

去
갈 거

擧
들 거

무슨 물건이
이렇게 많아?!

件
물건 건

健
굳셀 건

建
세울 건

景
볕 경

競
다툴 경

월 일 확인:

한자의 유래

쟁기의 모양을 본뜬 力(힘 력)과 입으로 '칭찬하다'는 뜻을 결정한 口(입 구)가 합쳐져 쟁기로 일하는 사람이 입으로 노동요를 불러 힘을 '더' 내도록 한다는 뜻입니다.

1 + 2 = 3

더할 가 (力부) 　 (총 5획)

필순에 따라 빈 칸에 한자를 쓰고 훈과 음을 쓰세요.

加	加	加	加	加	加	加
더할 가						
加						

교과서 한자

- 加算(가산) : 더하여 계산함.
- 加重(가중) : 더 무겁게 함.

加算 加重

월 일 확인:

한자의 유래

발음을 결정한 정(丁)과 말로 어떤 상황이나 상태를 인정한다는 뜻을 가진 구(口)가 합쳐진 한자로 '인정하다', '옳다'는 뜻을 나타냅니다.

옳을 가 (口부)

可 可 可 可 可 (총 5획)

필순에 따라 빈 칸에 한자를 쓰고 훈과 음을 쓰세요.

可	可	可	可	可	可	可
옳을 가						
可						

교과서 한자

· 可能(가능) : 할 수 있음.

· 可決(가결) : 의견을 좋다고 인정하여 결정함.

可能 可決

월 일 확인:

한자의 유래

무릎을 꿇어 앉아 있는 사람의 모습을 본뜬 기(己)와 손에 회초리를 쥐고 있는 모습을 본뜬 복(攵)이 합쳐져 회초리로 잘못한 사람을 '바로 잡는다' 라는 뜻입니다.

고칠 **개** (攵부) 改改改改改改改 (총 7획)

필순에 따라 빈 칸에 한자를 쓰고 훈과 음을 쓰세요.

改	改	改	改	改	改	改
고칠 개						
改						

교과서 한자

· 改良(개량) : 보완하여 더 좋게 고침.

· 改名(개명) : 이름을 고침.

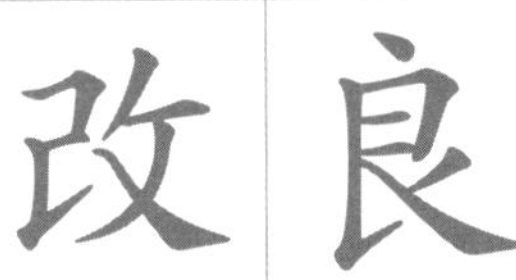

改良 改名

월 일 확인:

한자의 유래

토(土)와 같은 모습으로 보이지만 원래는 대(大)가 변한 것이고, 아래는 구(口)의 다른 글자로 입구에서 바깥으로 발을 크게 내디디고 있는 모습을 본뜬 한자입니다.

갈 거 (厶부)

去去去去去 (총 5획)

필순에 따라 빈 칸에 한자를 쓰고 훈과 음을 쓰세요.

去	去	去	去	去	去	去
갈 거						
去						

교과서 한자

· 過去(과거) : 지나간 때, 일.
· 去來(거래) : 상품을 사고 파는 일.
· 상대, 반의어 : 來(올 래)

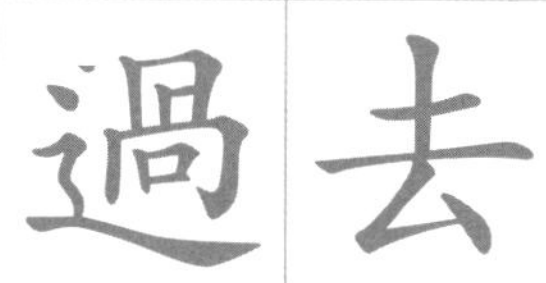

去來

월 일 확인:

들 거 (手부)

한자의 유래

손으로 물건을 들고 있는 모습을 본떠 만든 여(與)와 '들다' 는 뜻을 결정한 손 수(手)가 합쳐진 한자입니다.

擧擧擧擧擧擧擧擧擧擧擧擧擧擧擧擧擧擧 (총 18획)

필순에 따라 빈 칸에 한자를 쓰고 훈과 음을 쓰세요.

擧	擧	擧	擧	擧	擧	擧
들 거						
擧						
약자 挙						

교과서 한자

· 擧動(거동) : 몸을 움직임 또는 그 태도.

· 擧事(거사) : 큰일을 일으킴.

擧動 擧事

월 일 확인:

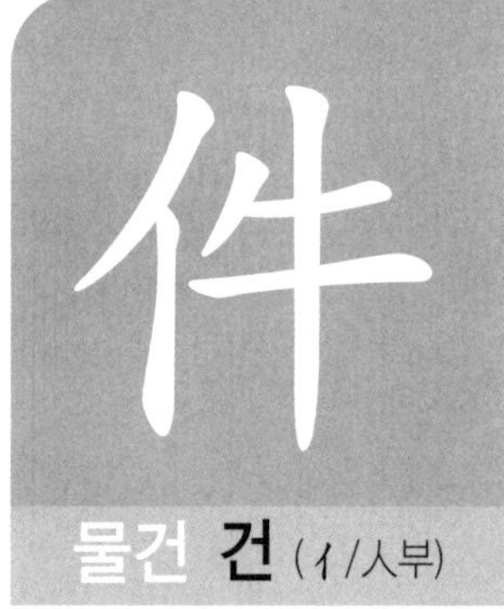

한자의 유래

사람 인(亻/人)과 소 우(牛)가 합쳐진 한자로 소는 예부터 집안에서 가장 큰 물건에 속한다는 뜻에서 유래되었습니다.

무슨 물건이
이렇게 많아?!

물건 건 (亻/人부) 件 件 件 件 件 件 (총 6획)

필순에 따라 빈 칸에 한자를 쓰고 훈과 음을 쓰세요.

件	件	件	件	件	件	件
물건 건						
件						

교과서 한자

- 物件(물건) : 일정한 상태를 가진 모든 물리적 대상.
- 事件(사건) : 문제가 되거나 관심을 끌 만한 일.
- 유의어 : 物(물건 물) 品(물건 품)

物件 事件

월 일 확인:

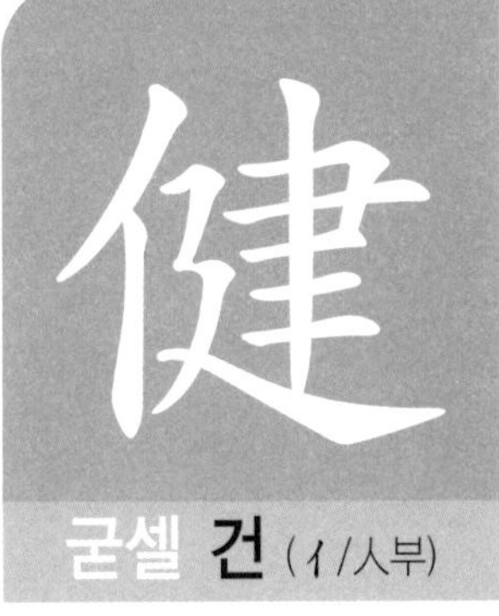

한자의 유래

사람 인(亻/人)과 발음을 결정한 건(建)이 합쳐진 한자입니다. 튼튼한 사람을 뜻하던 한자에서 지금의 뜻인 '굳세다', '튼튼하다'는 뜻이 되었습니다.

굳셀 건 (亻/人부) 健 (종 11획)

필순에 따라 빈 칸에 한자를 쓰고 훈과 음을 쓰세요.

健	健	健	健	健	健	健
굳셀 건						
健						

교과서 한자

· 健在(건재) : 힘, 능력 등이 줄지않고 그대로 있음.

· 健全(건전) : 몸과 정신이 튼튼하고 온전함.

健在 健全

월 일 확인:

세울 건 (廴부)

한자의 유래

廴의 변한 형태이면서 발음을 결정한 인(廴)과 붓으로 설계도를 그리고 있는 모습을 본뜬 한자로 어떠한 건물을 세우는 데 기본이 되는 일을 한다는 뜻입니다.

建 (총 9획)

필순에 따라 빈 칸에 한자를 쓰고 훈과 음을 쓰세요.

建	建	建	建	建	建	建
세울 건						
建						

교과서 한자

· 建國(건국) : 나라를 세움.
· 建立(건립) : 건물 등을 만들어 세움.
· 유의어 : 立(설 립)

월 일 확인:

한자의 유래

해의 모양을 본뜬 일(日)과 발음을 결정한 경(京)이 합쳐진 한자입니다.

별 경 (日부) 景景景景景景景景景景景景 (총 12획)

필순에 따라 빈 칸에 한자를 쓰고 훈과 음을 쓰세요.

景	景	景	景	景	景	景
별 경						
景						

교과서 한자

· 風景(풍경) : 경치, 자연이나 지역의 모습.
· 景觀(경관) : 경치.
· 유의어 : 陽(볕 양)

風	景

景	觀

월 일 확인:

한자의 유래

사람이 경주하기 위해 달려가고 있는 모습을 본뜬 한자입니다.

다툴 경 (立부)

竸竸竸竸竸竸竸竸竸竸竸竸竸竸竸 (총 20획)

필순에 따라 빈 칸에 한자를 쓰고 훈과 음을 쓰세요.

競	競	競	競	競	競	競
다툴 경						
競						

교과서 한자

· 競合(경합) : 서로 맞서 겨룸.
· 競爭(경쟁) : 이기거나 앞서려고 겨룸.
· 상대, 반의어 : 和(화할 화)

競合 競争

단원 확인학습

1. 다음 漢字(한자)의 讀音(독음)을 ( )안에 쓰세요.

1) 대한민국 축구팀은 월드컵 경기에 參加( )하였다.

2) 이 회사의 발전 可能性( )은 매우 높다.

3) 품종을 改良( )하여 농산물의 산출이 증가하였다.

4) 이 화장품은 피부속의 불순물을 제去( )하는데 탁월하다.

5) 그 선비는 科擧( )시험을 보러 한양으로 가는 중이었다.

6) 그 학교에 입학하기 위한 자격要件( )은 매우 까다롭다.

7) 健( )강한 육체에서 건강한 정신이 나온다.

8) 사고가 난 建物( )에는 많은 사람들이 있었다.

9) 제주 올레 길에서 아름다운 景( )치에 취해 힘든 줄 모르고 걸었다.

10) 세계 시장에서의 競( )쟁이 점점 더 치열해지고 있다.

2. 다음 밑줄 친 말과 뜻이 통하는 漢字(한자)를 보기에서 골라 번호를 쓰세요.

보기				
① 可	② 改	③ 加	④ 去	⑤ 建
⑥ 競	⑦ 件	⑧ 健	⑨ 擧	⑩ 景

1) 이번에 내가 갔으니 다음엔 네가 가라.(　　　)

2) 옳은 일에는 제일 먼저 앞장선다.(　　　)

3) 빨리 단점을 보완하여 좋게 고쳐라.(　　　)

4) 한 건 한 건 모두 중요한 일이다.(　　　)

5) 응원은 선수들에게 힘을 더하는 행위이다.(　　　)

6) 문이 열리자 건장한 체격의 사내가 들어왔다.(　　　)

7) 이곳에 건물이 서면 뒤쪽에 햇볕이 들지 않을 것이다.(　　　)

8) 이 물건은 너무 무거워 아무나 들 수 없다.(　　　)

9) 햇빛은 모든 생명에 없어서는 안 되는 것이다.(　　　)

10) 우리 100m 경주해 볼까?(　　　)

예상 문제 加可改去擧件健建景競

1. 다음 漢字語(한자어)의 讀音(독음)을 쓰세요.

1) 加重 (　　　　　　)
2) 可能 (　　　　　　)
3) 改正 (　　　　　　)
4) 過去 (　　　　　　)
5) 擧動 (　　　　　　)
6) 物件 (　　　　　　)
7) 健全 (　　　　　　)
8) 建國 (　　　　　　)
9) 景觀 (　　　　　　)
10) 競合 (　　　　　　)
11) 加速 (　　　　　　)
12) 不可 (　　　　　　)
13) 改名 (　　　　　　)
14) 去來 (　　　　　　)
15) 擧事 (　　　　　　)
16) 事件 (　　　　　　)
17) 健在 (　　　　　　)
18) 建立 (　　　　　　)
19) 風景 (　　　　　　)
20) 景氣 (　　　　　　)

2.다음 漢字(한자)의 訓(훈)과 音(음)을 쓰세요

1) 可 (　　　　,　　　　)
2) 改 (　　　　,　　　　)
3) 加 (　　　　,　　　　)
4) 去 (　　　　,　　　　)

5) 建 (,)

6) 競 (,)

7) 件 (,)

8) 健 (,)

9) 擧 (,)

10) 景 (,)

3. 다음 질문에 맞는 漢字(한자)를 보기에서 골라 번호를 쓰세요.

보기
① 可 ② 改 ③ 加 ④ 去 ⑤ 建
⑥ 競 ⑦ 件 ⑧ 健 ⑨ 擧 ⑩ 景

1) 來와 반대의 의미를 가진 한자는?

2) 弱과 반대의 의미를 가진 한자는?

3) 和와 반대의 의미를 가진 한자는?

4) 陽과 비슷한 의미를 가진 한자는?

5) 物과 비슷한 의미를 가진 한자는?

6) 立과 비슷한 의미를 가진 한자는?

7) 開와 音은 같으나 뜻이 다른 한자는?

8) 不問( )知(묻지 않아도 알 수 있음)에 들어갈 한자는?

4. 다음 밑줄 친 단어를 漢字(한자)로 쓰세요.

1) 이 모임에 가입하기 위해서는 일정한 자격이 필요하다. (　　　)

2) 매년 이름을 고치기 위해 개명신청을 하는 사람들이 있다. (　　　)

3) 시장에서 거래가 활발히 이루어지고 있다. (　　　)

4) 그는 왕성한 활동을 통하여 아직도 건재함을 알렸다. (　　　)

5) 내년에는 경기가 과연 좋아질 것인가? (　　　)

5. 다음 뜻에 맞는 한자를 보기에서 고르시오

보기
① 景氣 ② 參加 ③ 擧手
④ 景觀 ⑤ 建國

1) 손을 들어 올림, 찬성과 반대 등을 나타내기 위해 쓰인다. (　　　　)

2) 나라를 세움 (　　　　)

3) 호황이나 불황 등 경제활동 상태 (　　　　)

4) 모임, 단체 또는 일 등에 관계하여 들어감. (　　　　)

6. 去(갈 거)를 쓰는 순서에 맞게 각 획에 번호를 쓰세요.

만화로 읽는 사자성어

雪上加霜(설상가상)

눈 위에 또 서리가 덮인 격이라는 뜻으로 '어려운 일이 연거푸 일어남'을 비유하여 이르는 말입니다.

여보, 다녀왔소.
아니, 왜 이렇게 젖었어요?

전철역에서 나오는데 사무실에서 가져온 우산이 망가진 거 더라구.
아빠, 여기 수건이요.

그래서 빠른 걸음으로 걷는데…

철썩

완전히 설상가상 이었네.
그렇지.

❖ 雪:눈 설, 上:윗 상, 加:더할 가, 霜:서리 상

5급 과정

輕
가벼울 경

固
굳을 고

考
생각할 고

曲
굽을 곡

橋
다리 교

救
구원할 구

貴
귀할 귀

規
법 규

給
줄 급

技
재주 기

월 일 확인:

한자의 유래

수레의 모양을 본뜬 거(車)와 발음을 결정한 경(巠)이 합쳐진 한자로 날랜 수레로 적에게 돌진하다는 뜻에서 지금의 '가볍다'는 뜻이 결정되었습니다.

가벼울 **경** (車부) 輕輕輕輕輕輕輕輕輕輕輕輕輕輕 (총 14획)

필순에 따라 빈 칸에 한자를 쓰고 훈과 음을 쓰세요.

輕	輕	輕	輕	輕	輕	輕
가벼울 경						
輕						
약자 輕						

교과서 한자

· 輕重(경중) : 가벼움과 무거움.
· 輕動(경동) : 경솔하게 행동함.
· 상대, 반의어 : 重(무거울 중)

輕重 輕動

월　일 확인:

한자의 유래

도성의 둘레를 뜻하는 위(囗)와 발음을 결정한 고(古)가 합쳐져 단단하게 방비를 한다는 뜻입니다.

굳을 **고** (囗부)　固 固 固 固 固 固 固 固 (총 8획)

필순에 따라 빈 칸에 한자를 쓰고 훈과 음을 쓰세요.

固	固	固	固	固	固	固
굳을 고						
固						

교과서 한자

· 固定(고정) : 일정한 곳이나 상태에서 변하지 않음.

· 固有(고유) : 본디부터 그 사물에만 있음.

월 일 확인:

한자의 유래

머리가 긴 노인이 지팡이를 짚고 있는 모습을 본뜬 노(老)와 소리를 더한 교(丂)가 합쳐져 늙은이를 통하여 어떠한 일을 '살펴 본다', '생각한다'는 뜻이 되었습니다.

생각할 고 (老부) 考考考考考考 (총 6획)

필순에 따라 빈 칸에 한자를 쓰고 훈과 음을 쓰세요.

考	考	考	考	考	考	考
생각할 고						
考						

교과서 한자

- 考古(고고) : 옛 유물과 유적으로 역사적 사실을 연구함.
- 參考(참고) : 살펴서 도움이 될 재료로 삼음.
- 유의어 : 念(생각 념)

월 일 확인:

한자의 유래

굽은 자의 모양을 본뜬 한자로 지금도 처음에 만들었던 글자의 뜻인 '굽다' 라는 뜻이 그대로 쓰이고 있습니다.

굽을 곡 (日부) 曲 曲 曲 曲 曲 曲 (총 6획)

필순에 따라 빈 칸에 한자를 쓰고 훈과 음을 쓰세요.

曲	曲	曲	曲	曲	曲	曲
굽을 곡						
曲						

교과서 한자

- 曲調(곡조) : 음악의 가락.
- 作曲(작곡) : 악곡을 지음.
- 상대, 반의어 : 直(곧을 직)

曲調 作曲

월 일 확인:

한자의 유래

다리를 만들었던 재료인 나무 목(木)과 발음을 결정한 교(喬)가 합쳐진 한자입니다.

다리 **교** (木부)

橋橋橋橋橋橋橋橋橋橋橋橋橋橋橋橋 (총 16획)

필순에 따라 빈 칸에 한자를 쓰고 훈과 음을 쓰세요.

橋	橋	橋	橋	橋	橋	橋
다리 교						
橋						

교과서 한자

- 大橋(대교) : 규모가 큰 다리.
- 陸橋(육교) : 도로나 철도 위에 가로질러 놓은 다리.

大	橋	陸	橋

월 일 확인:

한자의 유래

옷의 모양을 본떠 발음을 결정한 구(求)와 손에 막대기를 쥐고 위험에서 구한다는 뜻을 가지고 있는 칠 복(攵)이 합쳐진 한자입니다.

구원할 구 (攵부) 救 (총 11획)

필순에 따라 빈 칸에 한자를 쓰고 훈과 음을 쓰세요.

救	救	救	救	救	救	救
구원할 구						
救						

교과서 한자

· 救命(구명) : 사람의 목숨을 구함.

· 救國(구국) : 나라를 위기에서 구함.

월 일 확인:

한자의 유래

갑골문에서 양손에 물건을 쥐고 있는 모습인 신(申)과 비슷한 형태를 가진 한자와 귀하다는 뜻을 가진 조개 패(貝)가 합쳐져 '귀하다' 는 뜻을 결정했습니다.

귀할 귀 (貝부) 貴 貴 貴 貴 貴 貴 貴 貴 貴 貴 貴 貴 (총 12획)

필순에 따라 빈 칸에 한자를 쓰고 훈과 음을 쓰세요.

貴	貴	貴	貴	貴	貴	貴
귀할 귀						
貴						

교과서 한자

· 貴下(귀하) : 상대편을 높이어, 그의 이름 뒤에 쓰는 말.

· 貴重(귀중) : 매우 소중함.

貴	下

貴	重

월 일 확인:

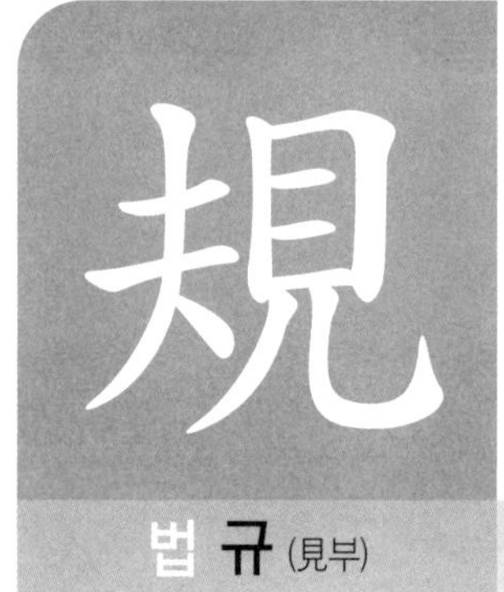

한자의 유래

부(夫)는 원래 갑골문에서 화살 모양을 본뜬 시(矢)인데, 물건을 재는 단위로 사용되었던 도구인 이 글자[矢]와 사람의 눈 모양을 본뜬 견(見)이 합쳐진 한자입니다.

법 규 (見부)

規 規 規 規 規 規 規 規 規 規 規 (총 11획)

필순에 따라 빈 칸에 한자를 쓰고 훈과 음을 쓰세요.

規	規	規	規	規	規	規
법 규						
規						

교과서 한자

· 規格(규격) : 일정한 표준.
· 規約(규약) : 서로 협의하여 정한 규칙.
· 유의어 : 式(법 식) 典(법 전) 法(법 법)

規格 規約

월 일 확인:

한자의 유래

실뭉치의 모양을 본뜬 사(糸)와 발음을 결정한 합(合)이 합쳐진 한자로 실을 남에게 넉넉하게 '주다' 라는 뜻이 되었습니다.

줄 급 (糸부) 給 給 給 給 給 給 給 給 給 給 給 給 (총 12 획)

필순에 따라 빈 칸에 한자를 쓰고 훈과 음을 쓰세요.

給	給	給	給	給	給	給
줄 급						
給						

교과서 한자

· 給食(급식) : 음식을 주는 일.

· 月給(월급) : 다달이 받는 일정한 돈.

월 일 확인:

한자의 유래

손의 모양을 본뜬 수(手)의 변형자인 '扌'와 발음을 결정한 지(支)가 합쳐진 한자로 손으로 재주를 부리다는 뜻을 갖고 있습니다.

재주 기 (扌/手부) 技 技 技 技 技 技 技 (총 7획)

필순에 따라 빈 칸에 한자를 쓰고 훈과 음을 쓰세요.

技	技	技	技	技	技	技
재주 기						
技						

교과서 한자

· 特技(특기) : 특별한 기능이나 기술.
· 球技(구기) : 공을 사용하는 운동 경기.
· 유의어 : 才(재주 재) 術(재주 술)

特技 球技

단원 확인학습

1. 다음 漢字(한자)의 讀音(독음)을 (　)안에 쓰세요.

1) 큰 사고가 일어났지만 다행히 심각한 부상자 없이 3명의 輕(　　　) 상자만 발생하였다.

2) 이제 좀 그만 固(　　　)집 부려라!

3) 고집을 버리고 사考(　　　)의 영역을 넓혀라!

4) 그 선수는 빙판위에 아름다운 曲線(　　　)을 그리며 연기를 펼쳤다.

5) 일제는 한반도를 대륙 침략의 橋(　　　)두보로 삼았다.

6) 인질들은 전원 무사히 救出(　　　)되었다.

7) 올해는 날씨가 너무 더워서 에어컨 品貴(　　　)현상이 일어났다.

8) 교통法規(　　　)를 준수하여야 한다.

9) 만 17세가 지나면 주민등록증이 發給(　　　)된다.

10) 대한민국 축구팀은 월드컵 競技(　　　)에서 최선을 다하였다.

2. 다음 밑줄 친 말과 뜻이 통하는 漢字(한자)를 보기에서 골라 번호를 쓰세요.

보기				
① 固	② 規	③ 曲	④ 技	⑤ 橋
⑥ 考	⑦ 救	⑧ 貴	⑨ 輕	⑩ 給

1) 이 문제는 여러 가지로 고찰해 봐야 할 것 같다.(   )

2) 이 곡이 바로 태곤이가 작곡한 노래이다.(   )

3) 원하는 바를 이루기 위해서는 굳은 의지가 필요하다.(   )

4) 한강엔 많은 다리들이 놓여있다.(   )

5) 소방관들은 자신을 희생하며 사람들을 구한다.(   )

6) 귀중함의 기준은 사람마다 다를 수 있다.(   )

7) 규칙이란 지키기 위해서 있는 것이다.(   )

8) 모두에게 똑같이 지급해야 한다.(   )

9) 디지털 기술이 발전함에 따라 새로운 직업이 등장하고 있다.(   )

10) 남의 말만 듣고 가볍게 행동하지마라!(   )

예상 문제 輕固考曲橋救貴規給技

1. 다음 漢字語(한자어)의 讀音(독음)을 쓰세요.

1) 輕重 (　　　　　　　　)
2) 固定 (　　　　　　　　)
3) 考古 (　　　　　　　　)
4) 曲名 (　　　　　　　　)
5) 陸橋 (　　　　　　　　)
6) 救急 (　　　　　　　　)
7) 貴下 (　　　　　　　　)
8) 規格 (　　　　　　　　)
9) 給食 (　　　　　　　　)
10) 技能 (　　　　　　　　)
11) 輕擧 (　　　　　　　　)
12) 固有 (　　　　　　　　)
13) 參考 (　　　　　　　　)
14) 作曲 (　　　　　　　　)
15) 大橋 (　　　　　　　　)
16) 救國 (　　　　　　　　)
17) 貴族 (　　　　　　　　)
18) 規定 (　　　　　　　　)
19) 月給 (　　　　　　　　)
20) 球技 (　　　　　　　　)

2. 다음 漢字(한자)의 訓(훈)과 音(음)을 쓰세요

1) 固 (　　　　,　　　　)
2) 規 (　　　　,　　　　)
3) 曲 (　　　　,　　　　)
4) 技 (　　　　,　　　　)
5) 橋 (　　　　,　　　　)

6) 考 (,)

7) 救 (,)

8) 貴 (,)

9) 輕 (,)

10) 給 (,)

3.다음 질문에 맞는 漢字(한자)를 보기에서 골라 번호를 쓰세요.

보기
① 固 ② 規 ③ 曲 ④ 技 ⑤ 橋
⑥ 考 ⑦ 救 ⑧ 貴 ⑨ 輕 ⑩ 給

1) 重과 반대의 의미를 가진 한자는?

2) 直과 반대의 의미를 가진 한자는?

3) 念과 비슷한 의미를 가진 한자는?

4) 法과 비슷한 의미를 가진 한자는?

5) 苦와 音은 같으나 뜻이 다른 한자는?

6) 一人一(　　　) (한 사람이 한 가지 기술을 익힘)에 들어갈 한자는?

7)自(　　　)自足(자기에게 필요한 것을 스스로 충당함)에 들어갈 한자는?

4. 다음 밑줄 친 단어를 漢字(한자)로 쓰세요.

1) 얼음은 물이 얼어서 고체상태가 된 것이다. (　　　)

2) 도로를 무단횡단하지 말고 안전하게 육교를 건너야 한다. (　　　)

3) 구명조끼를 입은 후에 몸에 맞게 끈을 조여야 한다. (　　　)

4) 백마디 말보다 실천이 귀중하다. (　　　)

5) 가뭄이 오래 지속되자 비상급수대책이 세워졌다. (　　　)

5. 다음 뜻에 맞는 漢字(한자)를 보기에서 고르시오.

보기	
	① 考古　② 作曲　③ 救命
	④ 固體　⑤ 給水

1) 일정한 모양과 부피가 있으며 쉽게 변형되지 않는 물질의 상태 (　　　)

2) 옛 유물과 유적으로 역사적 사실을 연구함 (　　　)

3) 악곡을 지음 (　　　)

4) 사람의 목숨을 구함 (　　　)

5) 물을 공급함 (　　　)

6. 給(줄 급)을 쓰는 순서에 맞게 각 획에 번호를 쓰세요.

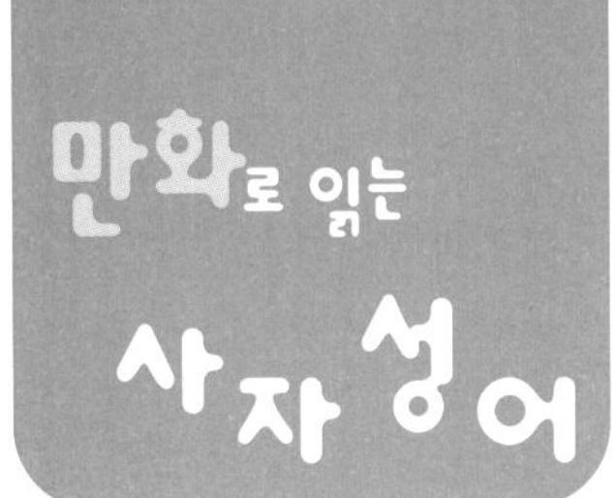
만화로 읽는
사자성어

難攻不落(난공불락)

쳐서 함락시키기 어려움을 의미합니다.

용돈 10% 인상
용돈 인상!
용돈 인상!

용돈 10% 인상
용돈 10% 인상
엄마~, 용돈을
조금만 더 주세요. 네?

이번 달은
적자랍니다.
가계부

휴~ 역시 우리 엄마의
알뜰함에는 당할 수가 없어.
아무렴,
난공불락의
요새지.

✣ 難:어려울 난, 攻:칠 공, 不:아닐 불, 落:떨어질 락

5급 과정

期

기약할 기

汽

물끓는 김 기

길조네...

吉

길할 길

壇

단 단

談

말씀 담

島

섬 도

都

도읍 도

落

떨어질 락(낙)

앗!! 차가워!

冷

찰 랭(냉)

量

헤아릴 량

앗!! 차가워!

월 일 확인:

한자의 유래

발음을 결정한 기(其)와 변화가 있는 달의 모습을 보고 약속을 하였다는 뜻의 월(月)이 합쳐진 한자입니다.

기약할 **기** (月부)　期 期 期 期 期 期 期 期 期 期 期 期 (총 12획)

필순에 따라 빈 칸에 한자를 쓰고 훈과 음을 쓰세요.

期	期	期	期	期	期	期
기약할 기						
期						

교과서 한자

· 期間(기간) : 일정한 시기까지의 사이.
· 期約(기약) : 때를 정하여 약속함.
· 유의어 : 約(맺을 약)

期	間		期	約

월 일 확인:

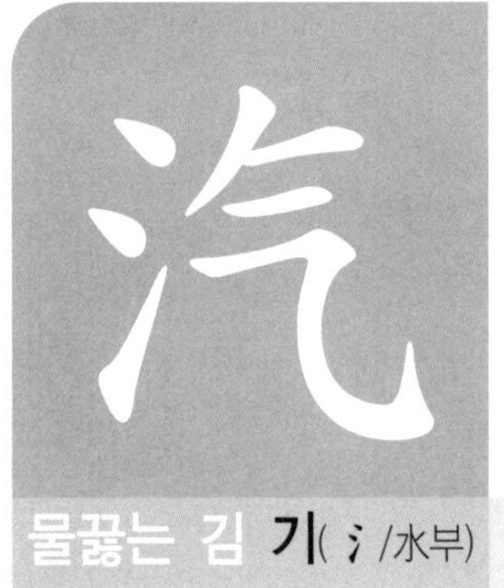

한자의 유래

수증기의 뜻을 결정한 물 수(氵/水)와 뭉게뭉게 피어오르는 구름의 모습을 본뜬 나머지 글자인 기(气)가 합쳐진 한자입니다.

물끓는 김 **기**(氵/水부) 汽汽汽汽汽汽汽 (총 7획)

필순에 따라 빈 칸에 한자를 쓰고 훈과 음을 쓰세요.

汽	汽	汽	汽	汽	汽	汽
물끓는김 기						
汽						

교과서 한자

· 汽船(기선) : 증기의 힘으로 움직이는 배.

· 汽車(기차) : 기관차에 여객이나 화물차를 연결하여 궤도위를 운행하는 차량.

汽車

월 일 확인:

한자의 유래

도끼의 모양을 본뜬 사(士)와 '길할 소원을 빈다'는 뜻의 구(口)가 합쳐진 한자로 '길하다'는 뜻이 되었습니다.

길조네...

길할 길 (口부) 吉吉吉吉吉吉 (총 6획)

필순에 따라 빈 칸에 한자를 쓰고 훈과 음을 쓰세요.

吉	吉	吉	吉	吉	吉	吉
길할 길						
吉						

교과서 한자

· 吉日(길일) : 좋은 날.
· 吉凶(길흉) : 운이 좋고 나쁨.
· 상대, 반의어 : 凶(흉할 흉)

吉日 吉凶

월 일 확인:

한자의 유래

'흙을 쌓아 올려 만든 단' 이란 뜻을 결정한 흙 토(土)와 발음을 결정한 단(亶)이 합쳐 진 한자입니다.

단 단 (土부) 壇壇壇壇壇壇壇壇壇壇壇壇壇壇壇壇 (총 16획)

필순에 따라 빈 칸에 한자를 쓰고 훈과 음을 쓰세요.

壇	壇	壇	壇	壇	壇	壇
단 단						
壇						

교과서 한자

· 壇上(단상) : 단의 윗쪽.

· 花壇(화단) : 화초를 심기 위하여 뜰 한쪽에 흙을 한 층 높게 쌓은 곳.

壇上 花壇

월 일 확인:

한자의 유래

사람이 혀를 내두르며 말을 하는 모습인 언(言)과 발음을 결정한 염(炎)이 합쳐진 한자입니다.

!!?

말씀 담 (言부)

談談談談談談談談談談談談談談談 (총 15획)

필순에 따라 빈 칸에 한자를 쓰고 훈과 음을 쓰세요.

談	談	談	談	談	談	談
말씀 담						
談						

교과서 한자

· 面談(면담) : 서로 만나서 이야기 함.
· 德談(덕담) : 남이 잘 되기를 비는 말.
· 유의어 : 話(말씀 화) 言(말씀 언) 說(말씀 설) 語(말씀 어)

월 일 확인:

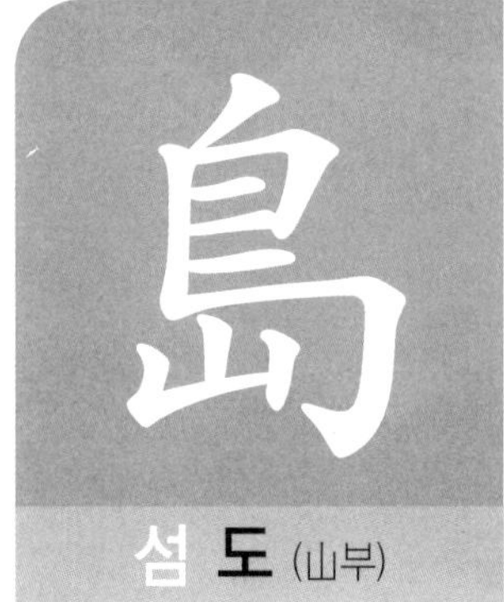

한자의 유래

바다 위에 볼록이 나온 산의 모습인 섬 위에 많은 새들이 앉아 있는 모습을 본뜬 한 자입니다.

섬 도 (山부)

島島島島島島島島島島島 (총 10획)

필순에 따라 빈 칸에 한자를 쓰고 훈과 음을 쓰세요.

島	島	島	島	島	島	島
섬 도						
島						

교과서 한자

· 島民(도민) : 섬에서 사는 사람.
· 半島(반도) : 대륙에서 바다 쪽으로 길게 뻗어 나와 3면이 바다인 큰 육지.

월 일 확인:

한자의 유래

발음을 결정한 자(者 : '도' 의 변형), 고을의 테두리를 본뜬 구(口), 무릎을 꿇은 사람의 모습을 본뜬 읍(阝/邑)이 합쳐진 한자로 '도읍' 이란 뜻이 되었습니다.

도읍 도 (阝/邑부) (총 12획)

필순에 따라 빈 칸에 한자를 쓰고 훈과 음을 쓰세요.

都	都	都	都	都	都	都
도읍 도						
都						

교과서 한자

· 都市(도시) : 인구 밀집 지역인 중심지.
· 都邑(도읍) : 서울, 나라의 수도를 정함, 조금 작은 도회지.

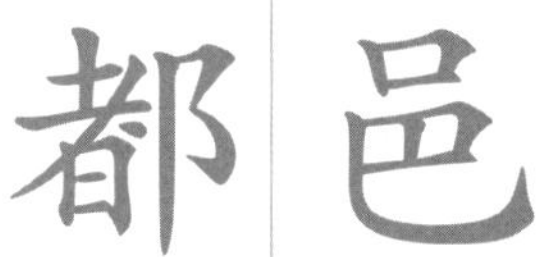

월 일 확인:

한자의 유래

나뭇잎이 떨어진다는 뜻에서 그 뜻을 결정한 초 두(艹)와 발음을 결정한 낙(洛)이 합쳐진 한자입니다.

떨어질 **락/낙** (艹부)

落 落 落 落 落 落 落 落 落 落 落 落 落 (총 13획)

필순에 따라 빈 칸에 한자를 쓰고 훈과 음을 쓰세요.

落	落	落	落	落	落	落
떨어질 락(낙)						
落						

교과서 한자

· 落下(낙하) : 높은 곳에서 떨어짐.
· 落心(낙심) : 바라던 일을 이루지 못하여 마음이 상함.

落 下

落 心

월 일 확인:

한자의 유래

뜻을 결정한 빙(冫/氷)과 발음을 결정한 령(令)이 합쳐진 한자입니다.

앗!! 차가워!

찰 랭/냉 (冫/氷부) 冷冷冷冷冷冷冷 (총 7획)

필순에 따라 빈 칸에 한자를 쓰고 훈과 음을 쓰세요.

冷	冷	冷	冷	冷	冷	冷
찰 랭(냉)						
冷						

교과서 한자

· 冷情(냉정) : 매정하고 쌀쌀함.
· 冷水(냉수) : 차가운 물.
· 상대, 반의어 : 溫(따뜻할 온)

冷	情

冷	水

量

한자의 유래

날 일(日)과 무거울 중(重)이 합쳐진 한자로 대낫에 무거운 물건을 달고 있다는 뜻에서 유래되었습니다.

헤아릴 량 (里부)　量量量量量量量量量量量量 (총 12획)

필순에 따라 빈 칸에 한자를 쓰고 훈과 음을 쓰세요.

量	量	量	量	量	量	量
헤아릴 량						
量						

교과서 한자

· 重量(중량) : 무게.

· 計量(계량) : 분량이나 무게 따위를 잼.

重量

計量

단원 확인학습

1. 다음 漢字(한자)의 讀音(독음)을 ( )안에 쓰세요.

1) 이 일은 短期( )간에 할 수 있는 것이 아니라 오랜 준비가 필요하다.

2) 汽( )적 소리를 높이 내며 기차는 출발하였다.

3) 꿈에서 돼지가 나왔으니 분명 吉( )몽일 것이다.

4) 봄이 되자 花壇( )에 꽃이 활짝 피었다.

5) 세배를 하자 할아버지께서 모든 일이 잘 될 것이라는 새해 德談 ( )을 해주셨다.

6) 독島( )는 대한민국의 땅이다.

7) 너를 都大體( ) 이해할 수 가없다.

8) 봄에는 꽃이 피고 가을에는 落( )엽이 진다.

9) 무더운 여름날 먹는 冷( )면의 맛은 일품이다.

10) 기술의 발달로 大量( )생산이 가능해졌다.

2. 다음 밑줄 친 말과 뜻이 통하는 漢字(한자)를 보기에서 골라 번호를 쓰세요.

보기					
	① 島	② 落	③ 量	④ 冷	⑤ 壇
	⑥ 吉	⑦ 都	⑧ 汽	⑨ 期	⑩ 談

1) 봄은 새싹이 피어나는 시기이다.(　　　)

2) 항구에 기선이 정박하였다.(　　　)

3) 길흉화복은 누구에게나 다 있는 것이다.(　　　)

4) 이곳이 바로 높이 단을 세우고 제사를 지내던 곳이다.(　　　)

5) 속담은 간혹 천 마디 말보다 더 효과적일 수 있다.(　　　)

6) 제주도는 우리나라에서 가장 큰 섬이다.(　　　)

7) 도심지역은 언제나 교통이 복잡하다.(　　　)

8) 이 곳은 돌이 자주 떨어지는 곳이다.(　　　)

9) 냉장고 문을 자주 열면 효과가 떨어진다.(　　　)

10) 남의 마음을 헤아리는 것은 가장 중요하다.(　　　)

예상 문제 期汽吉壇談島都落冷量

1. 다음 漢字語(한자어)의 讀音(독음)을 쓰세요.

1) 期間 (　　　　　　)
2) 汽車 (　　　　　　)
3) 吉日 (　　　　　　)
4) 教壇 (　　　　　　)
5) 談話 (　　　　　　)
6) 半島 (　　　　　　)
7) 都市 (　　　　　　)
8) 落心 (　　　　　　)
9) 冷戰 (　　　　　　)
10) 重量 (　　　　　　)
11) 期待 (　　　　　　)
12) 時期 (　　　　　　)
13) 吉凶 (　　　　　　)
14) 壇上 (　　　　　　)
15) 面談 (　　　　　　)
16) 落島 (　　　　　　)
17) 首都 (　　　　　　)
18) 落下 (　　　　　　)
19) 冷氣 (　　　　　　)
20) 計量 (　　　　　　)

2. 다음 漢字(한자)의 訓(훈)과 音(음)을 쓰세요

1) 島 (　　　　　　)
2) 落 (　　　　　　)
3) 量 (　　　　　　)
4) 冷 (　　　　　　)
5) 壇 (　　　　　　)

6) 吉 (　　　　　　　　)

7) 都 (　　　　　　　　)

8) 汽 (　　　　　　　　)

9) 期 (　　　　　　　　)

10) 談 (　　　　　　　　)

3. 다음 질문에 맞는 漢字(한자)를 보기에서 골라 번호를 쓰세요.

보기					
	① 島	② 落	③ 量	④ 冷	⑤ 壇
	⑥ 吉	⑦ 都	⑧ 汽	⑨ 期	⑩ 談

1) 凶과 반대의 의미를 가진 한자는? (　　　　　　　　)

2) 溫과 반대의 의미를 가진 한자는? (　　　　　　　　)

3) 約과 비슷한 의미를 가진 한자는? (　　　　　　　　)

4) 話와 비슷한 의미를 가진 한자는? (　　　　　　　　)

5) 度와 音은 같으나 뜻이 다른 한자는? (　　　　　　　　)

6) (　　　　)心千萬(바라던 일이 안되어 마음이 몹시 상함)에 들어갈 한자는?

7) 大(　　　　)生産(기계를 이용하여 한 제품을 많이 만들어냄)에 들어갈 한자는?

4. 다음 밑줄 친 단어를 漢字(한자)로 쓰세요.

1) 장난감도 아이의 발달 시기에 맞는 것으로 골라야 한다.

2) 전문가와의 상담을 통하여 이 문제를 해결할 수 있다.

3) 우리학교는 낙도의 초등학교와 자매 결연을 맺었다.

4) 얼굴에 냉수를 뿌리자 쓰러진 사람은 정신을 차리기 시작하였다.

5) 그는 모든 역량을 발휘하여 맡은 임무를 완수하였다.

5. 다음 뜻에 맞는 한자를 보기에서 고르시오.

보기			
	① 文壇	② 都合	③ 重量
	④ 汽車	⑤ 教壇	

1) 기관차에 여객이나 화물차를 연결하여 궤도 위를 운행하는 차량

( )

2) 문인들의 사회, 문학계 ( )

3) 모두 합한 셈, 합계, 모두 ( )

4) 무게 ( )

5) 교실에서 교사가 강의하기 위하여 올라서는 단 ( )

6. 量(헤아릴 량)를 쓰는 순서에 맞게 각 획에 번호를 쓰세요.

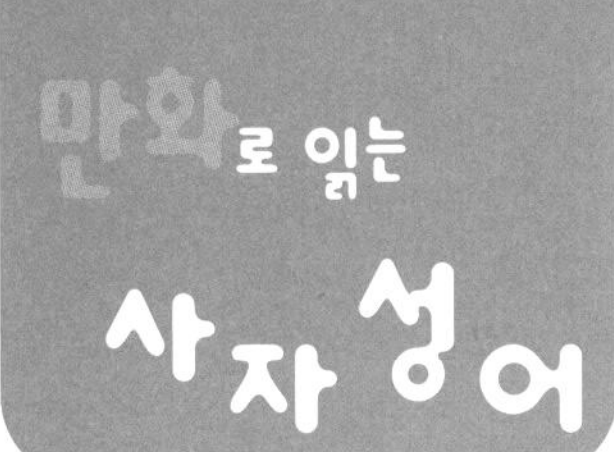
만화로 읽는
사자성어

立春大吉(입춘대길)

봄이 되어 크게 좋은 일이 있기를 바란다는 뜻입니다.

입춘대길이라~
우와~, 아빠 명필이다.
立春大吉

자, 붙이고 오렴.
네.

立春大吉
탁~
탁~

김보람, 이게 뭐냐?
立春大吉
봄을 맞아 좋은 일만 생기라고 아빠가 쓰셨어.

아빠, 그럼 가을에는 입추대길이야?
크~
김하늘, 너 바보지.

✣ 立:설 입/립, 春:봄 춘, 大:큰 대, 吉:길할 길

5급 과정

令
하여금 령

領
거느릴 령

240000원 입니다.

料
헤아릴 료(요)

馬
말 마

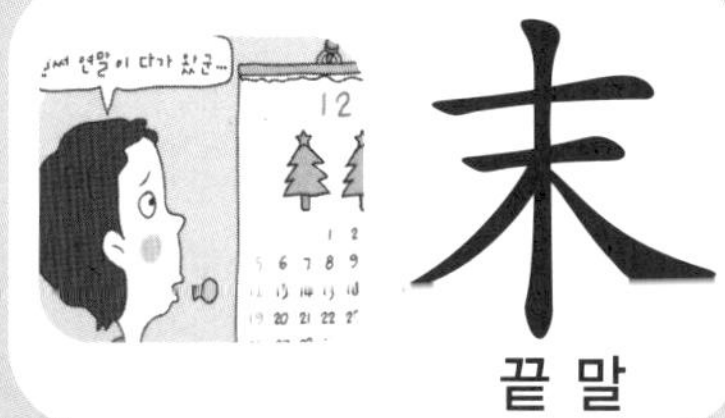
벌써 연말이 다가 왔군...
12

末
끝 말

亡
망할 망

쌉니다! 싸요!

賣
팔 매

이걸로 주세요.

買
살 매

無
없을 무

倍
곱 배

월 일 확인:

한자의 유래

사람이 무릎을 꿇어 신의(神意)를 듣는 모양을 나타내며, 신이 인간으로 하여금 어떠한 일을 '하게 한다', '시킨다' 는 뜻에서 유래되었습니다.

하여금 **령** (人부)　令令令令令 (총 5획)

필순에 따라 빈 칸에 한자를 쓰고 훈과 음을 쓰세요.

令	令	令	令	令	令	令
하여금 령						
令						

교과서 한자

· 命令(명령) : 윗사람이 아랫사람에게 시킴.
· 發令(발령) : 명령, 보통 직책이나 직위에 관한 명령을 이름.
· 유의어 : 使(부릴 사)

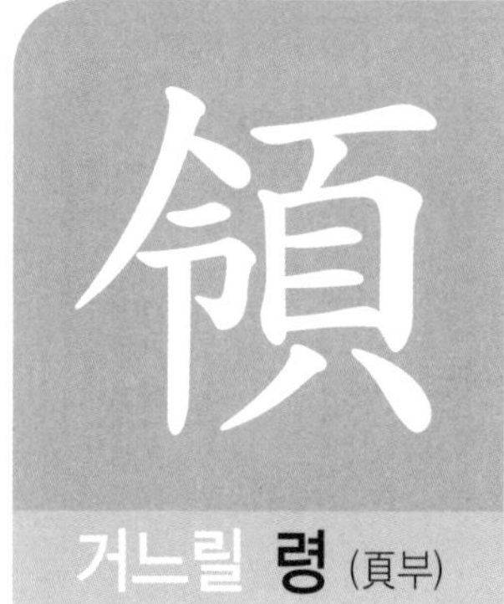

한자의 유래

발음을 결정한 령(令)과 우두머리로서 무리를 거느리다는 뜻을 결정한 머리 혈(頁)이 합쳐진 한자입니다.

거느릴 **령** (頁부) 領領領領領領領領領領領領領領 (총 14획)

필순에 따라 빈 칸에 한자를 쓰고 훈과 음을 쓰세요.

領	領	領	領	領	領	領
거느릴 령						
領						

교과서 한자

· 領空(영공) : 한 나라의 영토와 영해의 상공.
· 領海(영해) : 한 나라의 영역에 포함되는 바다.

領空
領海

월 일 확인:

한자의 유래

사방으로 흩어진 쌀알의 모양을 본뜬 쌀 미(米)와 되의 모양을 본뜬 두(斗)가 합쳐져 쌀을 되로 '헤아려 되다'는 뜻의 한자가 되었습니다.

240000원 입니다.

헤아릴 **료/요** (斗부) 料 料 料 料 料 料 料 料 料 料 (총 10획)

필순에 따라 빈 칸에 한자를 쓰고 훈과 음을 쓰세요.

料	料	料	料	料	料	料
헤아릴 료(요)						
料						

교과서 한자

- 料金(요금) : 사물을 사용·관람한 대가로 지불하는 돈.
- 料理(요리) : 음식을 만드는 일.
- 유의어 : 量(헤아릴 량) 혼동하기 쉬운 한자: 科(과목 과)

料	金

料	理

월 일 확인:

한자의 유래

말 갈퀴와 네다리의 모습을 표현한 한자입니다.

말 마 (馬부) 馬馬馬馬馬馬馬馬馬馬 (총 10획)

필순에 따라 빈 칸에 한자를 쓰고 훈과 음을 쓰세요.

馬	馬	馬	馬	馬	馬	馬
말 마						
馬						

교과서 한자

· 馬夫(마부) : 말을 부리는 사람.

· 競馬(경마) : 말을 타고 일정 거리를 달려 그 순위를 겨루는 일.

馬夫 競馬

월 일 확인:

한자의 유래

나무의 모습을 본뜬 목(木)과 나무의 끝부분을 가리키고 있는 일(一)을 합친 한자입니다.

벌써 연말이 다가 왔군…
12
1 2 3 4
5 6 7 8 9 10 11
12 13 14 15 16 17 18
19 20 21 22 23 24 25
26 27 28 29 30 31

끝 말 (木부) 末 (총 5획)

필순에 따라 빈 칸에 한자를 쓰고 훈과 음을 쓰세요.

末	末	末	末	末	末	末
끝 말						
末						

교과서 한자

· 年末(연말) : 한 해의 마지막 때.
· 末期(말기) : 기간이나 일의 끝이되는 시기.
· 상대, 반의어 : 始(비로소 시) 本(근본 본)

年末 末期

월 일 확인:

한자의 유래

칼날이 부러져 망하게 되었다는 뜻에서 온 한자입니다.

망할 망 (亠부) 亡 亡 亡 (총 3획)

필순에 따라 빈 칸에 한자를 쓰고 훈과 음을 쓰세요.

亡						
망할 망						

교과서 한자

· 死亡(사망) : 사람의 죽음.

· 亡命(망명) : 정치적인 이유로 외국으로 피함.

死亡 亡命

월 일 확인:

살 매 (貝부)

한자의 유래

그물 모양을 본뜬 망(罒)과 조개 모양을 본뜬 패(貝)가 합쳐진 한자로 조개를 건져 내 '물건을 사다' 는 뜻을 결정했습니다.

이걸로 주세요.

買 買 買 買 買 買 買 買 買 買 買 買 (총 12획)

필순에 따라 빈 칸에 한자를 쓰고 훈과 음을 쓰세요.

買	買	買	買	買	買	買
살 매						
買						

교과서 한자

· 買入(매입) : 물건 등을 사들임.

월 일 확인:

팔 매 (貝부)

한자의 유래

나갈 출(出)의 변형자인 사(士)와 매(買)가 합쳐진 한자로 산 물건을 밖으로 가지고 나가 '팔다'는 뜻을 나타냅니다.

싸니다! 싸요!

賣賣賣賣賣賣賣賣賣賣賣賣賣賣賣 (총 15획)

필순에 따라 빈 칸에 한자를 쓰고 훈과 음을 쓰세요.

賣	賣	賣	賣	賣	賣	賣
팔 매						
賣						
약자 売						

교과서 한자

· 賣買(매매) : 팔고 삼.
· 賣國(매국) : 남의 나라의 앞잡이가 되어서 자기 나라에 해를 끼치는 일.

월 일 확인:

한자의 유래

갑골문에서는 사람이 팔을 크게 벌리고 춤추는 도구를 드리우고 있는 모습의 한자였으나 처음의 뜻과는 달리 지금은 '없다'는 뜻으로 쓰이고 있습니다.

없을 무 (灬/火부) 無 無 無 無 無 無 無 無 無 無 無 無 (총 12획)

필순에 따라 빈 칸에 한자를 쓰고 훈과 음을 쓰세요.

無	無	無	無	無	無	無
없을 무						
無						

교과서 한자

- 無形(무형) : 형체가 없음.
- 無能(무능) : 재능이 없음.
- 상대, 반의어 : 有(있을 유)

無	形

無	能

월 일 확인:

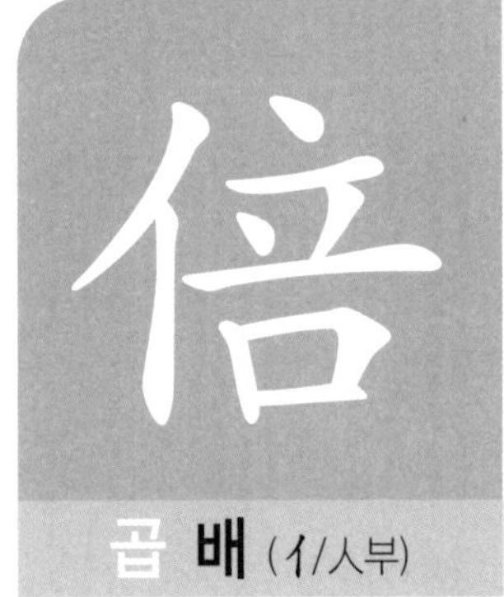

한자의 유래

처음에는 사람의 도리를 어기고 등진다는 뜻을 가지고 있었으나 지금은 '곱절' 이란 뜻으로 쓰입니다.

곱 배 (亻/人부)

倍 倍 倍 倍 倍 倍 倍 倍 倍 倍 (총 10획)

필순에 따라 빈 칸에 한자를 쓰고 훈과 음을 쓰세요.

倍	倍	倍	倍	倍	倍	倍
곱 배						
倍						

교과서 한자

· 倍加(배가) : 갑절로 늘어남.

· 倍數(배수) : 갑절이 되는 수.

倍加 倍數

단원 확인학습

1. 다음 漢字(한자)의 讀音(독음)을 (   )안에 쓰세요.

1) 삼촌은 선생님이 되어 충의 중학교로 發令(   )받았다.

2) 가장 힘세고 머리 좋은 임꺽정을 頭領(   )으로 뽑았다.

3) 이 飮料(   )에는 설탕이 너무 많이 들어있다.

4) 이 자동차엔진의 최고 출력은 187馬力(   )이다.

5) 週末(   )은 정말 시간이 빨리 간다.

6) 도亡(   )간다고 해결될 일이 아니다.

7) 명절기간 기차표를 구買(   )하는 것은 힘든일이다.

8) 한국시리즈 7차전 표가 모두 賣(   )진되었다.

9) 더 이상 너를 無(   )시하지 못할 것이다.

10) 둘 이상의 정수의 公倍數(   ) 중에 가장 작은 공배수가 최소 공배수이다.

2. 다음 밑줄 친 말과 뜻이 통하는 漢字(한자)를 보기에서 골라 번호를 쓰세요.

보기

① 末 ② 料 ③ 無 ④ 倍 ⑤ 馬

⑥ 買 ⑦ 賣 ⑧ 亡 ⑨ 令 ⑩ 領

1) 설령 잘 안 된다고 하더라도 용기를 잃지마라! (　　　)

2) 영의정은 임금님 다음 가는 벼슬이다. (　　　)

3) 말석에 앉아 있는 사람이 누구냐? (　　　)

4) 인터넷을 이용하여 자료를 수집하였다. (　　　)

5) 말은 굉장히 빠른 동물이다. (　　　)

6) 보이지 않는다고 없는 것은 아니다. (　　　)

7) 물건을 파는 것은 상거래의 기본이다. (　　　)

8) 중생대 말에 공룡은 멸망하였다. (　　　)

9) 할머니께서는 시장에 물건을 사러 가셨다. (　　　)

10) 과일 값이 두 배나 오르자 할머니는 놀라셨다. (　　　)

예상 문제 令領料馬末亡買賣無倍

1. 다음 漢字語(한자어)의 讀音(독음)을 쓰세요.

1) 命令 ( )
2) 領土 ( )
3) 料金 ( )
4) 馬車 ( )
5) 年末 ( )
6) 亡命 ( )
7) 買入 ( )
8) 賣出 ( )
9) 無料 ( )
10) 倍數 ( )
11) 令夫人 ( )
12) 領空 ( )
13) 料理 ( )
14) 馬夫 ( )
15) 末期 ( )
16) 亡國 ( )
17) 亡身 ( )
18) 賣買 ( )
19) 無效 ( )
20) 倍加 ( )

2. 다음 漢字(한자)의 訓(훈)과 音(음)을 쓰세요.

1) 末 (,)
2) 料 (,)
3) 無 (,)
4) 倍 (,)

5) 馬 (　　　　,　　　　)

6) 買 (　　　　,　　　　)

7) 賣 (　　　　,　　　　)

8) 亡 (　　　　,　　　　)

9) 令 (　　　　,　　　　)

10) 領 (　　　　,　　　　)

3. 다음 질문에 맞는 漢字(한자)를 보기에서 골라 번호를 쓰세요.

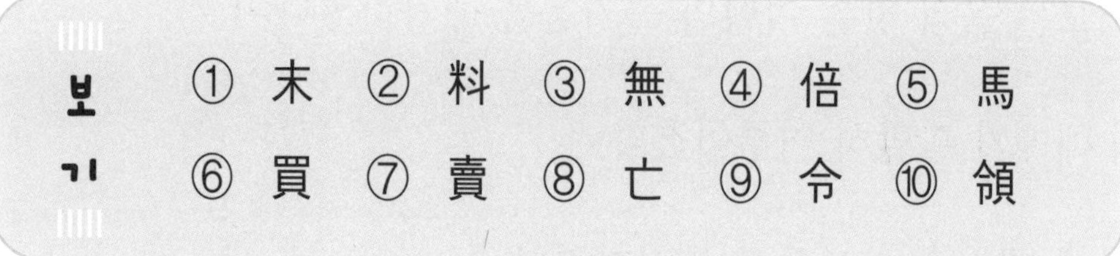

보기
① 末 ② 料 ③ 無 ④ 倍 ⑤ 馬
⑥ 買 ⑦ 賣 ⑧ 亡 ⑨ 令 ⑩ 領

1) 始와 반대의 의미를 가진 한자는?

2) 有와 반대의 의미를 가진 한자는?

3) 量과 비슷한 의미를 가진 한자는?

4) 使와 비슷한 의미를 가진 한자는?

5) 千軍萬(　　　　)(천명의 군사와 만마리 말 즉, 매우 많은 군사와 군마)에 들어갈 한자는?

6) (　　　　)國之音(나라를 망하게 하는 음악 즉, 저속하고 난잡한 음악)에 들어갈 한자는?

4. 다음 밑줄 친 단어를 漢字(한자)로 쓰세요.

1) 처음 먹어보는 음식 맛은 여행의 즐거움을 배가하였다. (　　　　　　)

2) 시장에서 매매가 활발히 이루어졌다. (　　　　　　)

3) 쉬는 시간에 매점은 학생들로 북적거렸다. (　　　　　　)

4) 눈썰미가 좋은 그는 금새 요령을 터득하였다. (　　　　　　)

5) 재료가 부족하여 음식 맛이 조금 이상해졌다. (　　　　　　)

5. 다음 뜻에 맞는 한자를 보기에서 고르시오

보기			
	① 材料	② 亡身	③ 要領
	④ 本末	⑤ 無關	

1) 긴요하고 으뜸이 되는 골자, 또는 적당히 넘기는 꾀 (　　　　)

2) 물건을 만드는 원료 (　　　　)

3) 중요한 부분과 중요하지 않은 부분 또는 사물이나 일의 처음과 끝 (　　　　)

4) 체면이나 명예를 망침 (　　　　)

5) 관계가 없음 (　　　　)

6. 買(살 매)을 쓰는 순서에 맞게 각 획에 번호를 쓰세요.

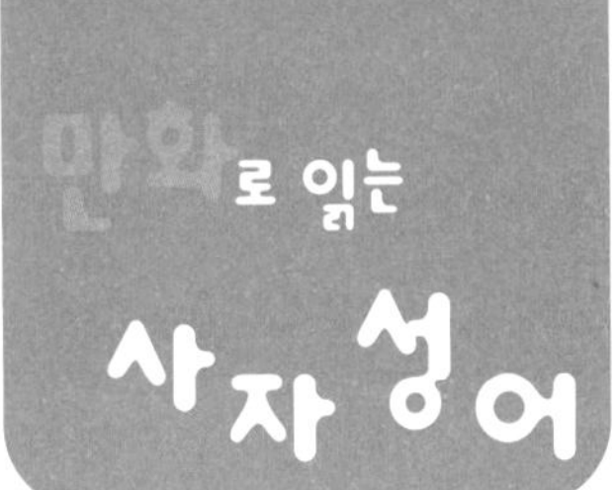

만화로 읽는
사자성어

天高馬肥(천고마비)

하늘이 높고 말이 살찐다는 의미로 가을이 좋은 계절이라는 뜻입니다.

하늘아, 날씨도 좋은데 집에서 뭐하니?
응, 떡 먹어.

옆집에서 이사왔다고 가져온 거래. 자!
난 됐어. 천고마비의 계절이라더니….

왜 안 먹어? 하늘은 높고 말은 살찌는 계절인데……?
크~ 니가 말이니?

너무 그러지 마라. 책도 읽으면서 먹는 중이니까.
게임북

게임 공략집도 책이냐?
그럼, 나한테 읽어서 유익하면 책이지.
끄덕-

✣ 天:하늘 천, 高:높을 고, 馬:말 마, 肥:살찔 비

5급 과정

比
견줄 비

費
쓸 비

鼻
코 비

氷
얼음 빙

寫
베낄 사

?!?!

思
생각 사

査
조사할 사

7

賞
상줄 상

序
차례 서

善
착할 선

7

월 일 확인:

한자의 유래

북녘 북(北)과 그 자원이 비슷한 한자로 두 사람이 나란히 앉아서 견주어 보다는 뜻입니다.

견줄 비 (比부) 比 比 比 比 (총 4획)

필순에 따라 빈 칸에 한자를 쓰고 훈과 음을 쓰세요.

比	比	比	比	比	比	比
견줄 비						
比						

교과서 한자

· 比等(비등) : 비교하여 볼 때 서로 비슷함.

· 對比(대비) : 서로 맞대어 비교함.

比等 對比

월 일 확인:

한자의 유래

발음을 결정한 불(弗)과 재물을 뜻하는 패(貝)가 합쳐져 '돈을 쓰다'는 뜻이 되었습니다.

쓸 비 (貝부) 費 (총 12획)

필순에 따라 빈 칸에 한자를 쓰고 훈과 음을 쓰세요.

費	費	費	費	費	費	費
쓸 비						
費						

교과서 한자

- 費用(비용) : 무엇을 사는 데 드는 돈.
- 消費(소비) : 돈이나 물건 · 시간 · 노력 등을 써 없앰.
- 유의어 : 用(쓸 용)

費用 消費

월 일 확인:

한자의 유래

코의 모습을 본뜬 글자인 자(自)와 발음을 결정한 비(畀)가 합쳐진 한자입니다.

코 비 (鼻부)

(총 14획)

필순에 따라 빈 칸에 한자를 쓰고 훈과 음을 쓰세요.

鼻	鼻	鼻	鼻	鼻	鼻	鼻
코 비						
鼻						

교과서 한자

· 鼻音(비음) : 코가 막힌듯이 나는 소리.

· 耳目口鼻(이목구비) : 귀, 눈, 입, 코

耳	目
口	鼻

월 일 확인:

한자의 유래

얼음덩이가 얽혀 있는 모습인 'ㅅ'의 모양이 지금처럼 변하였습니다.

얼음 **빙** (水부) 氵 氵 氵 冫 氷 (총 5획)

필순에 따라 빈 칸에 한자를 쓰고 훈과 음을 쓰세요.

氷	氷	氷	氷	氷	氷	氷
얼음 빙						
氷						

교과서 한자

· 氷雪(빙설) : 얼음과 눈
· 氷山(빙산) : 남극이나 북극의 바다에 떠 있는 거대한 얼음덩이.

氷雪

氷山

월 일 확인:

한자의 유래

뜻을 결정한 면(宀)과 발음을 결정한 석(舃)이 합쳐진 한자로 처음에는 물건을 집안에 두다는 뜻이었지만 지금은 '베끼다'는 뜻으로 쓰입니다.

베낄 사 (宀부) 寫寫寫寫寫寫寫寫寫寫寫寫寫寫寫 (총 15획)

필순에 따라 빈 칸에 한자를 쓰고 훈과 음을 쓰세요.

寫	寫	寫	寫	寫	寫	寫
베낄 사						
寫						
약자 写						

교과서 한자

· 寫本(사본) : 원본을 옮기어 베낌 또는 베낀 책이나 서류.

· 筆寫(필사) : 베껴 씀.

월 일 확인:

한자의 유래
머리의 모양을 본뜬 신(囟)과 사람의 감정 상태를 뜻하는 심(心)이 합쳐진 한자입니다.

?!?!

생각 **사** (心부) 思思思思思思思思思 (총 9획)

필순에 따라 빈 칸에 한자를 쓰고 훈과 음을 쓰세요.

思	思	思	思	思	思	思
생각 사						
思						

교과서 한자
- 思考(사고) : 생각하고 궁리함.
- 意思(의사) : 무언가를 하고자하는 생각, 마음.
- 유의어 : 念(생각 념) 考(생각할 고)

월 일 확인:

조사할 **사** (木부)

한자의 유래

나무의 모습을 본뜬 글자인 목(木)과 발음을 결정한 차(且)가 합쳐진 한자입니다.

查 查 查 查 查 查 查 查 查 (총 9획)

필순에 따라 빈 칸에 한자를 쓰고 훈과 음을 쓰세요.

查	查	查	查	查	查	查
조사할 사						
查						

교과서 한자

· 查定(사정) : 조사하여 결정함.

· 調查(조사) : 자세히 살펴보거나 찾아봄.

查定 調查

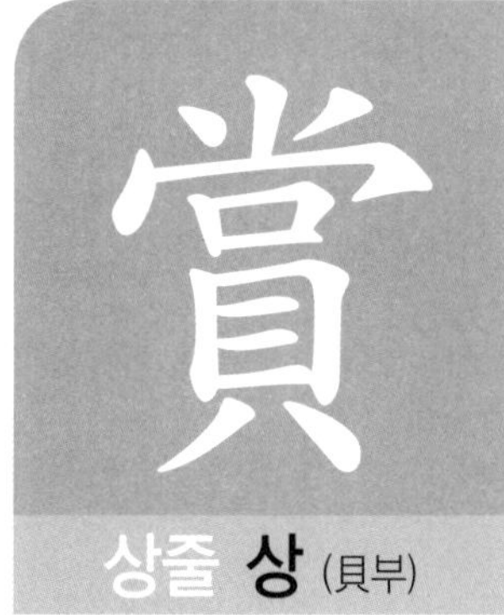

한자의 유래

발음을 결정한 상(尙)과 돈을 뜻하는 패(貝)가 합쳐진 한자입니다.

상줄 상 (貝부) 賞賞賞賞賞賞賞賞賞賞賞賞賞賞賞 (총 15획)

필순에 따라 빈 칸에 한자를 쓰고 훈과 음을 쓰세요.

賞						
상줄 상						
賞						

교과서 한자

- 賞金(상금) : 상으로 주는 돈.
- 入賞(입상) : 상을 타게 되는 등수에 듦.

월 일 확인:

한자의 유래

집의 모양을 본뜬 엄(广)과 발음을 결정한 여(予)가 합쳐진 한자로 집이 차례대로 이어져 있다는 뜻에서 유래되었습니다.

차례 서 (广부) 序序序序序序序 (총 7획)

필순에 따라 빈 칸에 한자를 쓰고 훈과 음을 쓰세요.

序	序	序	序	序	序	序
차례 서						
序						

교과서 한자

· 序文(서문) : 머리말.
· 順序(순서) : 정해져 있는 차례.
· 유의어 : 番(차례 번) 第(차례 제)

序文 順序

월 일 확인:

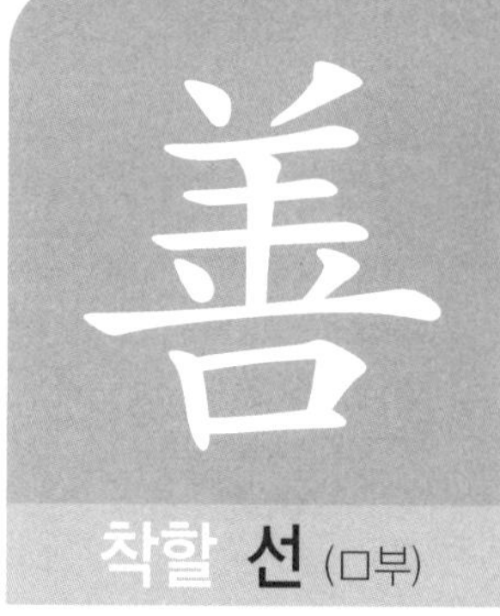

한자의 유래

갑골문에서는 양(羊)과 두 개의 말씀 언(言)이 합쳐진 한자였습니다. 그러나 후에 언(言)이 한 개 생략되고 羊과 言이 합쳐져 '착하다' 라는 의미가 파생되었습니다.

착할 선 (口부) 善善善善善善善善善善善善 (총 12획)

필순에 따라 빈 칸에 한자를 쓰고 훈과 음을 쓰세요.

善	善	善	善	善	善	善
착할 선						
善						

교과서 한자

· 善行(선행) : 착한 행동.
· 親善(친선) : 친밀하고 사이가 좋음.
· 유의어 : 良(어질 량) 상대, 반의어 : 惡(악할 악)

善行 親善

단원 확인학습

1. 다음 漢字(한자)의 讀音(독음)을 (　)안에 쓰세요.

1) 남과 比(　　　)교하지 말고 자신이 진정으로 원하는 것을 찾아야 한다.

2) 消費者(　　　)가 무엇을 원하는지를 정확히 파악해야 한다.

3) 축농증으로 이鼻(　　　)인후과에서 진료를 받았다.

4) 지구 온난화로 북극의 氷(　　　)하가 녹아내리고 있다.

5) 寫(　　　)진이 실물보다 훨씬 낫다.

6) 思春期(　　　)에 들어선 자녀들은 때로 부모를 당혹하게 한다.

7) 사건이 발생하자 경찰이 수査(　　　)에 나섰다.

8) 그는 작년에 최우수상을 수賞(　　　)하였다.

9) 교통질序(　　　)를 지키는 것은 자신의 안전을 위하는 것이기도 하다.

10) 유감없이 최善(　　　)을 다하자!

2. 다음 밑줄 친 말과 뜻이 통하는 漢字(한자)를 보기에서 골라 번호를 쓰세요.

보기				
① 査	② 比	③ 賞	④ 鼻	⑤ 善
⑥ 寫	⑦ 氷	⑧ 思	⑨ 序	⑩ 費

1) 자신을 남과 비교하지 마라. (　　　)

2) 비용이 얼마가 들든 괜찮다. (　　　)

3) 생각이 바뀌면 행동이 바뀐다. (　　　)

4) 이 소설은 1980년대의 생활을 잘 묘사하고 있다. (　　　)

5) 코감기가 너무 심하다. (　　　)

6) 빨리 조사해서 보고해야 한다. (　　　)

7) 여름인데도 얼음이 어는 계곡이 있다. (　　　)

8) 착한 사람과 남의 눈치만 살피는 사람을 혼동해서는 안 된다. (　　　)

9) 이번 우리 반에서 상을 받은 사람은 나 혼자 뿐이다. (　　　)

10) 버스를 탈 때는 언제나 순서를 지켜야 한다. (　　　)

예상 문제 比費鼻氷寫思査賞序善

1. 다음 漢字語(한자어)의 讀音(독음)을 쓰세요.

1) 對比 (　　　　　　)
2) 費用 (　　　　　　)
3) 鼻音 (　　　　　　)
4) 氷水 (　　　　　　)
5) 寫生畵 (　　　　　　)
6) 意思 (　　　　　　)
7) 調査 (　　　　　　)
8) 賞金 (　　　　　　)
9) 序文 (　　　　　　)
10) 善行 (　　　　　　)
11) 比等 (　　　　　　)
12) 學費 (　　　　　　)
13) 消費 (　　　　　　)
14) 氷雪 (　　　　　　)
15) 寫本 (　　　　　　)
16) 思考 (　　　　　　)
17) 內査 (　　　　　　)
18) 入賞 (　　　　　　)
19) 序曲 (　　　　　　)
20) 改善 (　　　　　　)

2. 다음 漢字(한자)의 訓(훈)과 音(음)을 쓰세요.

1) 査 (　　　,　　　)
2) 比 (　　　,　　　)
3) 賞 (　　　,　　　)
4) 鼻 (　　　,　　　)

5) 善 (　　　　　,　　　　　)

6) 寫 (　　　　　,　　　　　)

7) 氷 (　　　　　,　　　　　)

8) 思 (　　　　　,　　　　　)

9) 序 (　　　　　,　　　　　)

10) 費 (　　　　　,　　　　　)

3. 다음 질문에 맞는 漢字(한자)를 보기에서 골라 번호를 쓰세요.

보기

① 査 ② 比 ③ 賞 ④ 鼻 ⑤ 善

⑥ 寫 ⑦ 氷 ⑧ 思 ⑨ 序 ⑩ 費

1) 惡과 반대의 의미를 가진 한자는?

2) 番와 비슷한 의미를 가진 한자는?

3) 用과 비슷한 의미를 가진 한자는?

4) 考와 비슷한 의미를 가진 한자는?

5) 相과 音은 같으나 뜻이 다른 한자는?

6) ( )山一角(대부분 숨겨져 있고 극히 일부만 드러나 있음)에 들어갈 한자는?

7) ( )實主義(현실그대로를 묘사 재현하려는 예술풍토, 리얼리즘)에 들어갈 한자는?

4. 다음 밑줄 친 단어를 漢字(한자)로 쓰세요.

1) 예전에는 남아선호사상으로 성비의 불균형이 일어났다.

2) 그 모임의 총무가 회비를 걷기 시작하였다.

3) 떠다니는 유빙이 선박의 항해를 위협하였다.

4) 많은 독서를 통하여 사고의 영역을 넓혀야 한다.

5) 그녀는 상품으로 받은 자동차를 부모님에게 드렸다.

5. 다음 뜻에 맞는 한자를 보기에서 고르시오

보기		
① 序文	② 實査	③ 賞品
④ 寫本	⑤ 鼻音	⑥ 比例

1) 상으로 주는 물건 (   )

2) 한쪽 수나 양이 증감함에 따라 그와 관련된 다른 수나 양도 증감됨

(   )

3) 머리말 (   )

4) 원본을 그대로 베낌 또는 베낀 것 (   )

5) 서류상이 아닌 실제로 조사하거나 검사함 (   )

6) 코가 막힌 듯이 내는 소리 (   )

5. 査(조사할 사)을 쓰는 순서에 맞게 각 획에 번호를 쓰세요.

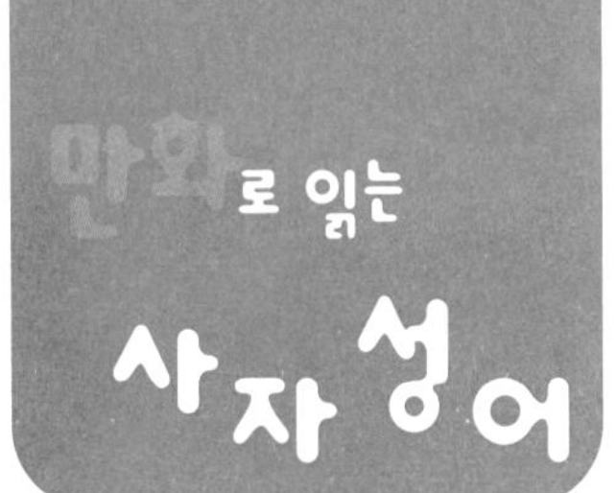
만화로 읽는
사자성어

改過遷善(개과천선)

지난 허물을 고치고 착하게 됨을 말합니다.

아니,
이 새벽에 하늘이가…?

허걱,
고, 공부까지?

여보, 지금 하늘이가 자기방 청소를 끝내고 공부 중이에요.
한 학년 올라가더니 개과천선했나 보군.
8:00

어쩐 일이니? 이렇게 일찍 청소에 공부까지?

그냥…, 걱정을 조금 덜어 드리려고요. 실은 오늘 시험 점수가 나오거든요.
그럼 그렇지.

✣ 改:고칠 개, 過:허물 과, 遷:옮길 천, 善:착할 선

5급 과정

船
배 선

選
가릴 선

나 보여요?

示
보일 시

실장 홍길동

案
책상 안

漁
고기잡을 어

魚
고기/물고기 어

일억
당첨이다!
자기앞수표
₩100,000,000

億
억 억

熱
더울 열

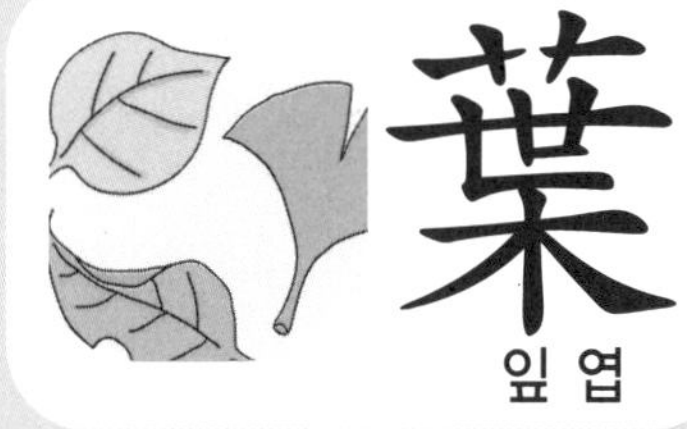

葉
잎 엽

屋
집 옥

나 보여요?

월 일 확인:

한자의 유래

배의 모양을 본뜬 주(舟)와 발음을 결정한 연(㕣)이 합쳐진 한자입니다.

배 선 (舟부)

船 船 船 船 船 船 船 船 船 船 船 (총 11획)

필순에 따라 빈 칸에 한자를 쓰고 훈과 음을 쓰세요.

船	船	船	船	船	船	船
배 선						
船						

교과서 한자

· 船主(선주) : 배의 주인.

· 船長(선장) : 배에 탄 승무원의 우두머리.

船主 船長

월 일 확인:

한자의 유래

네거리 모양과 발 족(足)이 합쳐진 한자인 착(辶)과 발음과 뜻을 동시에 가지고 있는 손(巽)이 합쳐진 한자입니다.

가릴 **선** (辶부)

(총 16획)

필순에 따라 빈 칸에 한자를 쓰고 훈과 음을 쓰세요.

選	選	選	選	選	選	選
가릴 선						
選						

교과서 한자

· 選出(선출) : 여럿 중에서 고르거나 뽑아냄.
· 選擧(선거) : 대표자나 임원을 투표 등의 방법으로 뽑음.
· 유의어 : 別(나눌 별)

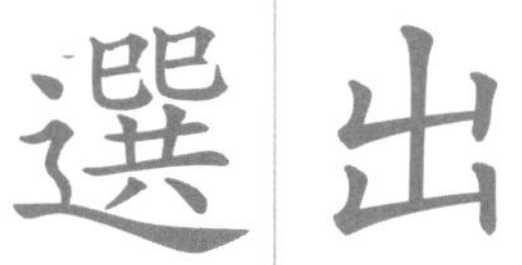
選出

選擧

월 일 확인:

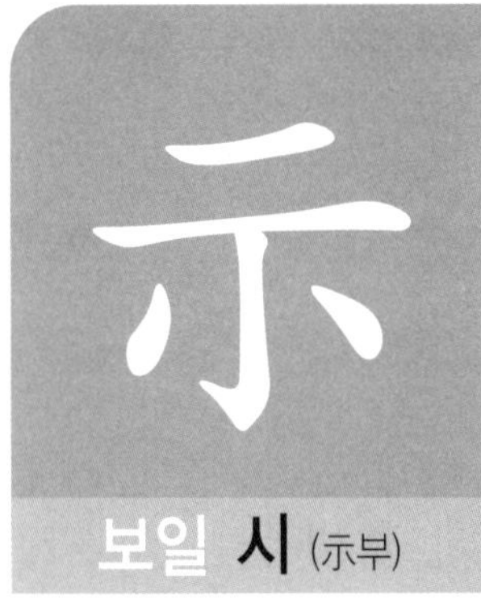

한자의 유래
신탁의 모양을 본뜬 한자로 신탁을 통해서 신의 의지를 보여 준다는 뜻에서 온 한자입니다.

나 보여요?

보일 시 (示부) 示 示 示 示 示 (총 5획)

필순에 따라 빈 칸에 한자를 쓰고 훈과 음을 쓰세요.

示	示	示	示	示	示	示
보일 시						
示						

교과서 한자
- 告示(고시) : 글로 써서 게시하여 일반에게 널리 알림.
- 訓示(훈시) : 가르쳐 보이거나 타이름.

告示 訓示

월 일 확인:

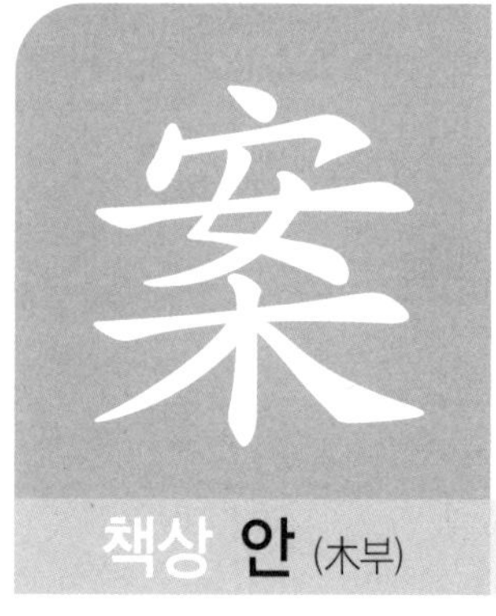

한자의 유래

발음을 결정한 안(安)과 책상을 만드는 재료를 뜻하는 목(木)이 합쳐진 한자입니다.

실장 홍길동

책상 안 (木부)

案 案 案 案 案 案 案 案 案 案 案 (총 10획)

필순에 따라 빈 칸에 한자를 쓰고 훈과 음을 쓰세요.

案	案	案	案	案	案	案
책상 안						
案						

교과서 한자

· 案件(안건) : 조사하거나 토의해야 할 사항.

· 考案(고안) : 새로운 방법을 생각해 냄.

案件 考案

월 일 확인:

한자의 유래

물고기가 살고 있는 곳을 나타내는 물 수(氵/水)와 뜻과 발음을 동시에 가지고 있는 물고기 어(魚)가 합쳐진 한자입니다.

고기잡을 어 (氵/水부)　漁 漁 漁 漁 漁 漁 漁 漁 漁 漁 漁 漁 漁 漁 (총 14획)

필순에 따라 빈 칸에 한자를 쓰고 훈과 음을 쓰세요.

漁	漁	漁	漁	漁	漁	漁
고기잡을 어						
漁						

교과서 한자

· 漁夫(어부) : 고기잡이를 업으로 하는 사람.

· 漁場(어장) : 어업을 하는 수역.

漁夫

漁場

월 일 확인:

한자의 유래

물고기의 꼬리지느러미를 그대로 간직한 한자입니다.

고기/물고기 어 (魚부) 魚 魚 魚 魚 魚 魚 魚 魚 魚 魚 魚 (총 11획)

필순에 따라 빈 칸에 한자를 쓰고 훈과 음을 쓰세요.

魚	魚	魚	魚	魚	魚	魚
고기/물고기 어						
魚						

교과서 한자

· 魚物(어물) : 생선 또는 생선을 가공하여 말린것.

· 魚類(어류) : 물고기를 통틀어 이르는 말.

월 일 확인:

한자의 유래

사람의 모습을 본뜬 인(亻/人)과 발음을 결정한 의(意)가 합쳐져 처음에는 '편안하다' 는 뜻이었으나 지금은 숫자 '억' 으로 쓰이고 있습니다.

일억
당첨이닷!!!
자기앞수표
₩100,000,000.(금일억원정)
李木水

억 억 (人부) 億億億億億億億億億億億億億億億 (총 15획)

필순에 따라 빈 칸에 한자를 쓰고 훈과 음을 쓰세요.

億	億	億	億	億	億	億
억 억						
億						

교과서 한자

· 億年(억년) : 일억 년.

· 數億(수억) : 억의 두서너 배가 되는 수.

億年 數億

월 일 확인:

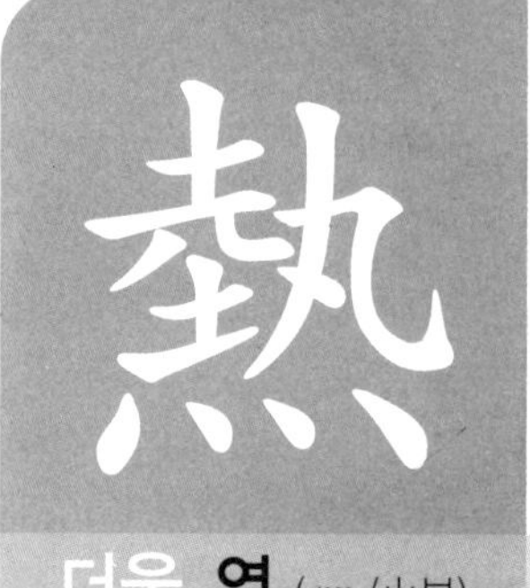

한자의 유래

발음을 결정한 세(勢)와 뜻을 결정한 불 화(灬/火)가 합쳐진 한자입니다.

더울 열 (灬/火부) 熱 熱 熱 熱 熱 熱 熱 熱 熱 熱 熱 熱 熱 熱 熱 (총 15획)

필순에 따라 빈 칸에 한자를 쓰고 훈과 음을 쓰세요.

熱	熱	熱	熱	熱	熱	熱
더울 열						
熱						

교과서 한자

- 熱望(열망) : 간절히 바람.
- 熱氣(열기) : 뜨거운 기운.
- 상대, 반의어 : 冷(찰 랭)

熱	望

熱	氣

월 일 확인:

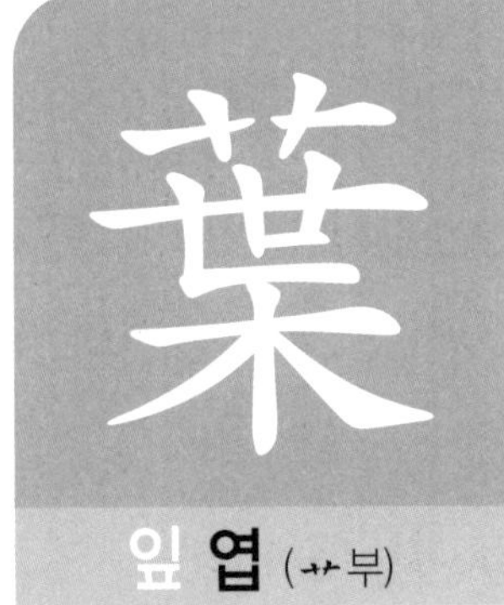

한자의 유래

뜻을 결정한 초 두(艹)와 발음을 결정한 나머지 글자 엽(世+木)이 합쳐진 한자입니다.

잎 엽 (艹부)

葉 葉 葉 葉 葉 葉 葉 葉 葉 葉 葉 葉 葉 (총 13획)

필순에 따라 빈 칸에 한자를 쓰고 훈과 음을 쓰세요.

葉	葉	葉	葉	葉	葉	葉
잎 엽						
葉						

교과서 한자

· 落葉(낙엽) : 말라서 떨어진 나뭇잎.

· 中葉(중엽) : 시대나 세기 등의 중간(中間) 무렵.

落 葉 中 葉

월 일 확인:

한자의 유래

처음에는 집의 모습인 엄(广)이었던 시(尸)와 '이르다' 는 뜻을 가진 지(至)가 합쳐진 한자입니다.

집 옥 (尸부) 屋 屋 屋 屋 屋 屋 屋 屋 屋 (총 9획)

필순에 따라 빈 칸에 한자를 쓰고 훈과 음을 쓰세요.

屋	屋	屋	屋	屋	屋	屋
집 옥						
屋						

교과서 한자

- 屋上(옥상) : 지붕 위.
- 家屋(가옥) : 사람이 사는 집.
- 유의어 : 家(집 가) 堂(집 당) 宅(집 택)

屋上

家屋

단원 확인학습

1. 다음 漢字(한자)의 讀音(독음)을 ( )안에 쓰세요.

1) 우주船(　　)에는 최첨단 과학기술이 집약되어있다.

2) 이 가운데서 한 가지를 選(　　)택하여라.

3) 선생님이 먼저 示(　　)범을 보였다.

4) 이 문제를 해결할 方案(　　)이 떠오르지 않는다.

5) 漁船(　　)은 물고기로 가득하였다.

6) 태풍으로 養魚場(　　)의 피해가 심각하다.

7) 그 소식에 億(　　)장이 무너지는 듯하였다.

8) 경기는 점점 過熱(　　)되었다.

9) 18세기 末葉(　　) 조선은 안과 밖으로 위기에 직면하였다.

10) 이 동네는 韓屋(　　)집들이 무척 많다.

2. 다음 밑줄 친 말과 뜻이 통하는 漢字(한자)를 보기에서 골라 번호를 쓰세요.

보기				
① 選	② 示	③ 熱	④ 漁	⑤ 億
⑥ 魚	⑦ 屋	⑧ 船	⑨ 葉	⑩ 案

1) 한강에 떠있는 저 배를 한강유람선이라고 한다. (　　　)

2) 선거는 국민의 신성한 주권이다. (　　　)

3) 보인다고 다 믿지 마라. (　　　)

4) 올해는 물고기 풍년이다. (　　　)

5) 만, 십만, 백만, 천만, 억 (　　　)

6) 어부들은 열심히 일을 했습니다. (　　　)

7) 책상에 앉아서 열심히 공부합니다. (　　　)

8) 우리집 옥상에는 장독들이 가득하다. (　　　)

9) 우리 동네는 가을이 되면 낙엽이 참 인상적이다. (　　　)

10) 너 지금 머리에 열이 심하구나! (　　　)

1. 다음 漢字語(한자어)의 讀音(독음)을 쓰세요.

1) 商船 (　　　　　　　　)
2) 選出 (　　　　　　　　)
3) 訓示 (　　　　　　　　)
4) 答案 (　　　　　　　　)
5) 漁夫 (　　　　　　　　)
6) 魚類 (　　　　　　　　)
7) 一億 (　　　　　　　　)
8) 熱心 (　　　　　　　　)
9) 落葉 (　　　　　　　　)
10) 家屋 (　　　　　　　　)
11) 船主 (　　　　　　　　)
12) 選手 (　　　　　　　　)
13) 表示 (　　　　　　　　)
14) 考案 (　　　　　　　　)
15) 漁場 (　　　　　　　　)
16) 人魚 (　　　　　　　　)
17) 數億 (　　　　　　　　)
18) 熱望 (　　　　　　　　)
19) 葉書 (　　　　　　　　)
20) 屋上 (　　　　　　　　)

2. 다음 漢字(한자)의 訓(훈)과 音(음)을 쓰세요.

1) 選 (　　　　,　　　　)
2) 示 (　　　　,　　　　)
3) 熱 (　　　　,　　　　)
4) 漁 (　　　　,　　　　)

5) 億 (　　　　,　　　　)

6) 魚 (　　　　,　　　　)

7) 屋 (　　　　,　　　　)

8) 船 (　　　　,　　　　)

9) 葉 (　　　　,　　　　)

10) 案 (　　　　,　　　　)

3. 다음 질문에 맞는 漢字(한자)를 보기에서 골라 번호를 쓰세요.

보기

① 選 ② 示 ③ 熱 ④ 漁 ⑤ 億

⑥ 魚 ⑦ 屋 ⑧ 船 ⑨ 葉 ⑩ 案

1) 冷과 반대의 의미를 가진 한자는?

2) 室과 비슷한 의미를 가진 한자는?

3) 別과 비슷한 의미를 가진 한자는?

4) 時와 音은 같으나 뜻이 다른 한자는?

5) 安과 音은 같으나 뜻이 다른 한자는?

6) (　　　　)父之利(어부의 이익, 둘이 다투는 사이에 제3자가 이득을 취함)에 들어갈 한자는?

7) 水(　　　　)之交(물과 물고기의 사귐, 즉 매우 친하여 떨어질 수 없는 사이)에 들어갈 한자는?

4. 다음 밑줄 친 단어를 漢字(한자)로 쓰세요.

1) 책의 날 축제장에는 각종 도서가 전시되어 있었다. (　　　　)

2) 과학자들은 지구가 46억 년 전에 생성되었을 것으로 보고 있다. (　　　　)

3) 마지막 승객이 구출될 때까지 선장은 배와 함께 하였다. (　　　　)

4) 가을에 떨어진 낙엽은 다음 해 새 생명의 밑거름이 된다. (　　　　)

5) 국회에서 관련 법안이 통과되었다. (　　　　)

5. 다음 뜻에 맞는 한자를 보기에서 고르시오.

보기		
① 漁船	② 加熱	③ 明示
④ 落葉	⑤ 案內	

1) 분명히 드러내 보임 (　　　　　)

2) 어떤 내용을 소개하여 알려줌 (　　　　　)

3) 고기잡이를 하는 배 (　　　　　)

4) 물질에 열을 가함, 사건에 열기를 더함 (　　　　　)

5) 말라서 떨어진 나뭇잎 (　　　　　)

6. 屋(집 옥)를 쓰는 순서에 맞게 각 획에 번호를 쓰세요.

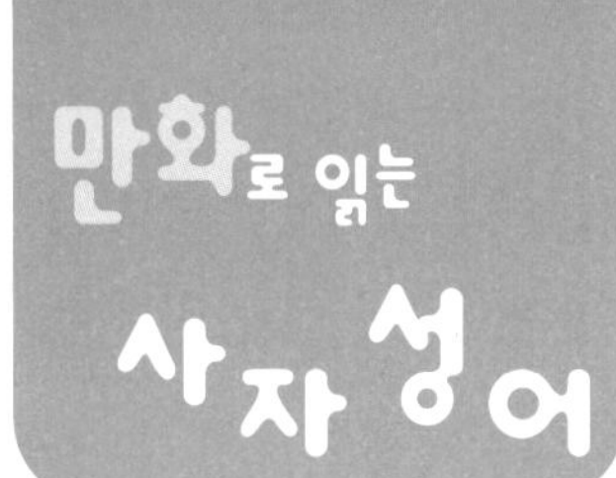
만화로 읽는
사자성어

漁父之利(어부지리)

둘이 다투고 있는 사이에 엉뚱한 사람이 이익을 얻게 됨을 말합니다.

으르릉~

왕~
크르릉~

히야~
엉뚱한 저 강아지만
횡재했네!
정말!
완전히
어부지리네.

✣ 漁:고기잡을 어, 父:아비 부, 之:갈 지, 利:이로울 리/이

5급 과정

完

완전할 완

曜

빛날 요

浴

목욕할 욕

牛

소 우

雄

수컷 웅

原

언덕 원

院

집 원

합격을 기원합니다!
영지 화이팅!

願

원할 원

位

자리 위

耳

귀 이

월 일 확인:

한자의 유래

집을 본뜬 면(宀)과 발음을 결정한 원(元)이 합쳐진 한자로 집이 완전하게 지어진다는 뜻에서 유래되었습니다.

완전할 완 (宀부) 完完完完完完完 (총 7획)

필순에 따라 빈 칸에 한자를 쓰고 훈과 음을 쓰세요.

完	完	完	完	完	完	完
완전할 완						
完						

교과서 한자

· 完決(완결) : 일이나 사무를 완전히 결정함.
· 完結(완결) : 완전하게 끝을 맺음.
· 유의어 : 全(온전 전)

完決

完結

월 일 확인:

빛날 **요** (日부)

한자의 유래

뜻을 결정한 일(日)과 햇빛에 반짝이는 새의 깃털 모습을 본뜬 적(翟)이 합쳐진 한자입니다.

(총 18획)

필순에 따라 빈 칸에 한자를 쓰고 훈과 음을 쓰세요.

曜	曜	曜	曜	曜	曜	曜
빛날 요						
曜						

교과서 한자

· 曜日(요일) : 한 주일의 각 날을 이르는 말.
· 日曜日(일요일) : 월요일을 기준으로 한 한 주의 마지막 날.

曜 日

日 曜 日

월 일 확인:

한자의 유래

뜻을 결정한 물 수(氵/水)와 발음을 결정한 곡(谷)이 합쳐진 한자입니다.

목욕할 **욕** (氵/水부) 浴 浴 浴 浴 浴 浴 浴 浴 浴 浴 (총 10획)

필순에 따라 빈 칸에 한자를 쓰고 훈과 음을 쓰세요.

浴	浴	浴	浴	浴	浴	浴
목욕할 욕						
浴						

교과서 한자

· 浴室(욕실) : 목욕할 수 있는 방.

· 溫浴(온욕) : 따뜻한 물에 하는 목욕.

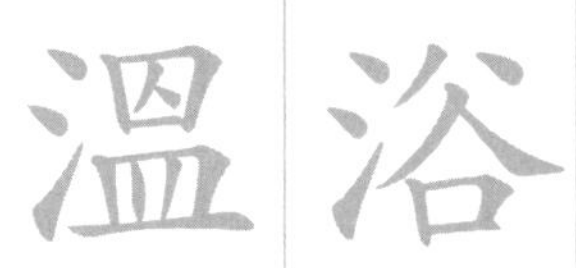

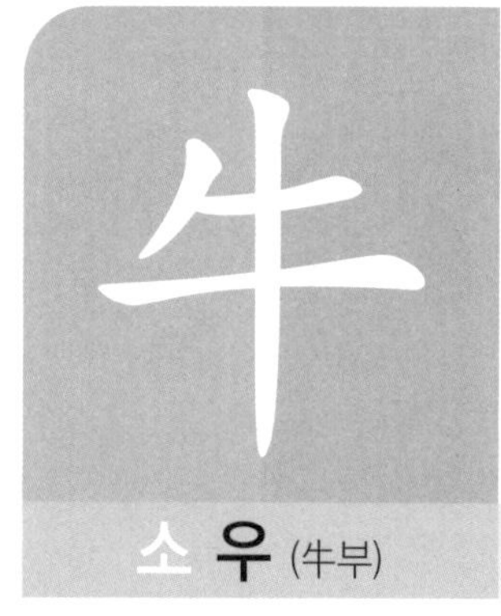

한자의 유래

소 뿔의 모습을 간직한 한자로 소의 머리를 본뜬 모습이 변한 한자입니다.

소 우 (牛부)

牛 牛 牛 牛 (총 4획)

필순에 따라 빈 칸에 한자를 쓰고 훈과 음을 쓰세요.

牛						
소 우						

교과서 한자

· 牛車(우차) : 소가 끄는 수레.

· 牛馬(우마) : 소와 말.

월 일 확인:

한자의 유래

발음을 결정한 굉(宏)과 새의 모습을 본떠 만든 한자로 지금은 수컷이란 뜻으로 쓰이고 있습니다.

수컷 웅 (隹부) (총 12획)

필순에 따라 빈 칸에 한자를 쓰고 훈과 음을 쓰세요.

雄	雄	雄	雄	雄	雄	雄
수컷 웅						
雄						

교과서 한자

· 雄大(웅대) : 웅장하고 큼.
· 英雄(영웅) : 지혜나 용기가 뛰어나 보통 사람이 할 수 없는 일을 하는 사람.

雄大 英雄

월 일 확인:

한자의 유래

언덕의 모습을 본뜬 엄(厂)과 샘이 솟아 나는 근원을 뜻하는 '白 + 小'가 합쳐진 한자입니다.

언덕 원 (厂부) 原 原 原 原 原 原 原 原 原 原 (총 10획)

필순에 따라 빈 칸에 한자를 쓰고 훈과 음을 쓰세요.

原	原	原	原	原	原	原
언덕 원						
原						

교과서 한자

· 原本(원본) : 본디의 문건이나 책.

· 原理(원리) : 으뜸이 되는 이치.

原本 原理

월 일 확인:

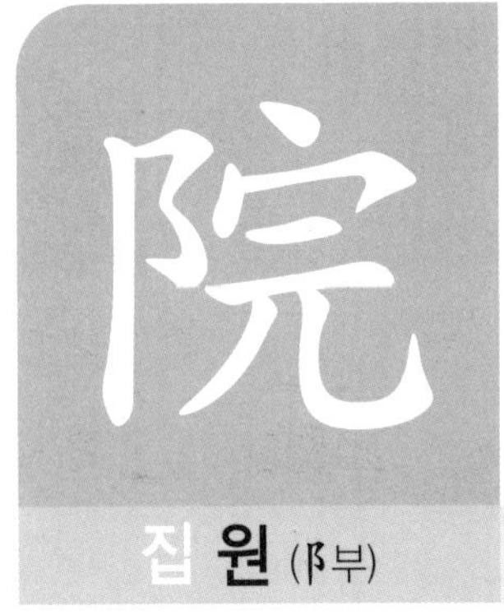

한자의 유래

언덕의 모습을 본뜬 부(阝/阜)와 발음을 결정한 완(完)이 합쳐져 언덕처럼 튼튼한 집이란 뜻입니다.

집 원 (阝부) 院院院院院院院院院院 (총 10획)

필순에 따라 빈 칸에 한자를 쓰고 훈과 음을 쓰세요.

院	院	院	院	院	院	院
집 원						
院						

교과서 한자

· 病院(병원) : 병자를 진찰하고 치료하는 곳.
· 院長(원장) : '원(院)' 자가 붙은 기관의 대표자.
· 유의어 : 家(집 가) 堂(집 당) 宅(집 택) 屋(집 옥) 室(집 실)

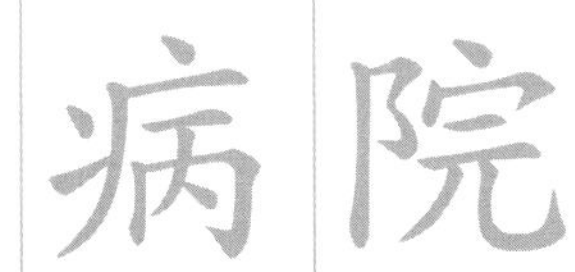

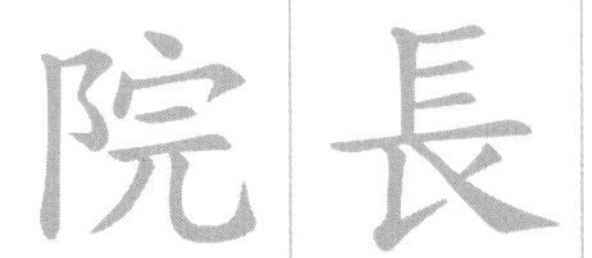

월 일 확인:

한자의 유래

발음을 결정한 원(原)과 머리 속으로 간곡히 원하다는 뜻의 머리 혈(頁)이 합쳐진 한자입니다.

합격을 기원합니다!
영자 화이팅!

원할 원 (頁부) 願 願 願 願 願 願 願 願 願 (총 19획)

필순에 따라 빈 칸에 한자를 쓰고 훈과 음을 쓰세요.

願	願	願	願	願	願	願
원할 원						
願						

교과서 한자

- 願書(원서) : 청원하거나 지원하는 내용을 적은 문서.
- 念願(염원) : 늘 생각하고 간절히 바람.
- 유의어 : 望(바랄 망)

월 일 확인:

位

한자의 유래

사람의 모습을 본뜬 인(亻/人)과 사람이 자리를 잡고 땅에 서 있는 모습을 본뜬 립(立)이 합쳐진 한자입니다.

자리 위 (亻/人부) 位 位 位 位 位 位 位 (총 7획)

필순에 따라 빈 칸에 한자를 쓰고 훈과 음을 쓰세요.

位	位	位	位	位	位	位
자리 위						
位						

교과서 한자

· 順位(순위) : 순번에 따라 정해진 위치나 지위.
· 方位(방위) : 어떤 방향의 위치.
· 유의어 : 席(자리 석)

順位

方位

월 일 확인:

귀 이 (耳부)

한자의 유래

사람 귀의 모습을 본뜬 한자입니다.

임금님귀는 당나귀 귀!

耳 耳 耳 耳 耳 耳 (총 6획)

필순에 따라 빈 칸에 한자를 쓰고 훈과 음을 쓰세요.

耳	耳	耳	耳	耳	耳	耳
귀 이						
耳						

교과서 한자

· 耳順(이순) : 예순 살을 달리 이르는 말.

· 耳目(이목) : 귀와 눈.

耳順 耳目

단원 확인학습

1. 다음 漢字(한자)의 讀音(독음)을 ( )안에 쓰세요.

1) 병이 完( )쾌되어 학교에 출석하였다.

2) 나는 金曜日( )이 가장 기분이 좋다.

3) 수목원은 山林浴( )을 하기에 좋다.

4) 牛( )유에는 칼슘이 많아 어린이의 성장에 도움이 된다.

5) 그의 雄( )변은 사람들의 마음을 움직였다.

6) 함경도에 있는 개마高原( )은 한국의 지붕이라고 불린다.

7) 삼촌은 大學院( )에 진학하였다.

8) 정월 대보름에 보름달을 보며 가족의 건강을 기願( )하였다.

9) 공격하기 위해서는 먼저 적의 位( )치를 정확히 파악하여야 한다.

10) 축농증으로 耳鼻( )인후과에서 진료를 받았다.

2. 다음 밑줄 친 말과 뜻이 통하는 漢字(한자)를 보기에서 골라 번호를 쓰세요.

보기				
① 完	② 院	③ 浴	④ 願	⑤ 位
⑥ 原	⑦ 牛	⑧ 曜	⑨ 雄	⑩ 耳

1) 어느 나라도 세계를 완전히 정복한 적은 없다. (　　　)

2) 내일이 무슨 요일이지? (　　　)

3) 오늘은 목욕탕 쉬는 날이야! (　　　)

4) 삼촌은 많은 소를 키운다. (　　　)

5) 어젠 귀가 아파서 병원을 다녀왔다. (　　　)

6) 네가 원하는 것을 모두 말해봐! (　　　)

7) 대웅전엔 부처님이 모셔져 있다. (　　　)

8) 사고로 다친 환자들은 인근 병원으로 옮겨졌다. (　　　)

9) 언덕에는 많은 짐승들이 뛰놀고 있다. (　　　)

10) 자기 자리를 잘 지켜라! (　　　)

예상 문제 完曜浴牛雄原院願位耳

1. 다음 漢字語(한자어)의 讀音(독음)을 쓰세요.

1) 完成 (　　　　　　　)
2) 曜日 (　　　　　　　)
3) 浴室 (　　　　　　　)
4) 韓牛 (　　　　　　　)
5) 英雄 (　　　　　　　)
6) 原理 (　　　　　　　)
7) 法院 (　　　　　　　)
8) 所願 (　　　　　　　)
9) 順位 (　　　　　　　)
10) 耳目口鼻 (　　　　　　　)
11) 完決 (　　　　　　　)
12) 木曜日 (　　　　　　　)
13) 海水浴 (　　　　　　　)
14) 牛馬 (　　　　　　　)
15) 雄大 (　　　　　　　)
16) 原料 (　　　　　　　)
17) 病院 (　　　　　　　)
18) 民願 (　　　　　　　)
19) 學位 (　　　　　　　)
20) 方位 (　　　　　　　)

2. 다음 漢字(한자)의 訓(훈)과 音(음)을 쓰세요.

1) 完 (　　　　,　　　　)
2) 院 (　　　　,　　　　)
3) 浴 (　　　　,　　　　)
4) 願 (　　　　,　　　　)

5) 位 (　　　　,　　　　)

6) 原 (　　　　,　　　　)

7) 牛 (　　　　,　　　　)

8) 曜 (　　　　,　　　　)

9) 雄 (　　　　,　　　　)

10) 耳 (　　　　,　　　　)

3. 다음 질문에 맞는 漢字(한자)를 보기에서 골라 번호를 쓰세요.

보기					
	① 完	② 院	③ 浴	④ 願	⑤ 位
	⑥ 原	⑦ 牛	⑧ 曜	⑨ 雄	⑩ 耳

1) 席과 비슷한 의미를 가진 한자는?

2) 屋과 비슷한 의미를 가진 한자는?

3) 望과 비슷한 의미를 가진 한자는?

4) 全과 비슷한 의미를 가진 한자는?

5) 友와 音은 같으나 뜻이 다른 한자는?

6) 要와 音은 같으나 뜻이 다른 한자는?

7) 馬(　　　　)東風(말의 귀에 동풍, 즉 남의 의견 등을 귀담아 듣지 않음) 에 들어갈 한자는?

4. 다음 밑줄 친 단어를 漢字(한자)로 쓰세요.

1) 숙제를 완전히 끝내고 나서 놀아라! (　　　　)

2) 그 곳은 원시의 자연을 간직하고 있었다. (　　　　)

3) 그녀는 독감에 걸려서 입원하였다. (　　　　)

4) 보름달을 보면서 소원을 빌었다. (　　　　)

5) 그는 노력으로 높은 지위에 올랐다. (　　　　)

5. 다음 뜻에 맞는 한자를 보기에서 고르시오

보기			
	① 原始	② 韓牛	③ 英雄
	④ 曜日	⑤ 浴室	

1) 목욕을 할 수 있는 방 (　　　　　)

2) 처음 그대로 아직 발달하지 않은 상태 (　　　　　)

3) 우리나라 재래종의 소 (　　　　　)

4) 일주일의 각 날을 나타내는 말 (　　　　　)

5) 지혜나 용기가 뛰어나 보통사람이 할 수 없는 일을 하는 사람

(　　　　　)

6. 牛(소 우)를 쓰는 순서에 맞게 각 획에 번호를 쓰세요.

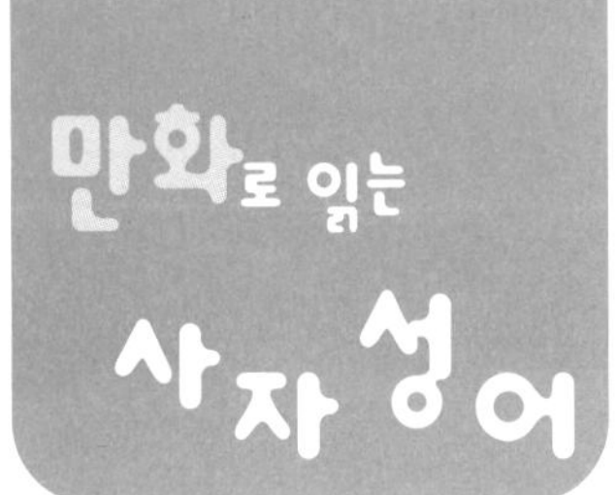
만화로 읽는
사자성어

矯角殺牛(교각살우)

뿔을 고치려다 소를 죽인다는 말로 작은 일에 힘쓰다가 큰 일을 그르친다는 의미입니다.

이런! 수도가 세네.
똑-똑-

수리비 절약할 겸 내가 고쳐볼까요?
놔 둬요. 사람 부르면 금방 고칠 수 있어요.

공구박스

촤-
으-악
아빠 때문에 일이 더 커졌네.

여보~ 미안해. 고칠 수 있을 줄 알았는데.
수도계량기! 물을 잠가야 해.
으악~, 우리 아빠가 교각살우하셨구나.

✣ 矯:바로잡을 교, 角:뿔 각, 殺:죽일 살, 牛:소 우

5급 과정

내 아이스크림... 으앙!!!

因
인할 인

再
두 재

災
재앙 재

爭
다툴 쟁

貯
쌓을 저

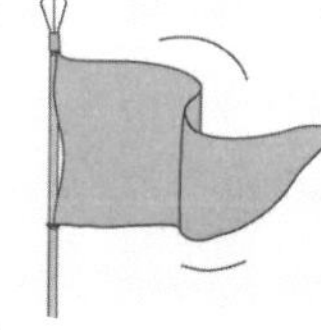

赤
붉을 적

停
머무를 정

操
잡을 조

마치는 종이
울리네...

終
마칠 종

罪
허물 죄

월 일 확인:

한자의 유래

사람이 대자리를 바탕으로 하여 누워 있는 모습을 본뜬 한자로 '바탕으로 하다', '인하다' 라는 뜻이 되었습니다.

내 아이스크림... 으앙!!!

인할 인 (口부)

因 因 因 因 因 因 (총 6획)

필순에 따라 빈 칸에 한자를 쓰고 훈과 음을 쓰세요.

因	因	因	因	因	因	因
인할 인						
因						

교과서 한자

· 原因(원인) : 일의 말미암은 까닭.
· 因習(인습) : 전해 내려와 몸에 익은 관습.
· 상대, 반의어 : 果(실과 과)

월 일 확인:

한자의 유래

여러 개의 나무 막대기를 쌓아 올린 모습을 본뜬 한자로 '거듭거듭 쌓아올리다' 는 뜻에서 유래되었습니다.

두 재 (冂부) 再 再 再 再 再 再 (총 6획)

필순에 따라 빈 칸에 한자를 쓰고 훈과 음을 쓰세요.

再	再	再	再	再	再	再
두 재						
再						

교과서 한자

· 再建(재건) : 다시 일으켜 세움.
· 再考(재고) : 다시 한 번 생각함.

再建 再考

월 일 확인:

한자의 유래

물이 흘러 내려가는 모습인 천(巛/川)과 불이 타오르는 모습을 본뜬 화(火)가 합쳐진 한자로 물과 불로 인한 재앙을 뜻합니다.

재앙 **재** (火부) 災 災 災 災 災 災 災 (총 7획)

필순에 따라 빈 칸에 한자를 쓰고 훈과 음을 쓰세요.

災	災	災	災	災	災	災
재앙 재						
災						

교과서 한자

· 火災(화재) : 불이 나는 재앙.

· 天災(천재) : 자연현상으로 일어나는 재난.

월 일 확인:

한자의 유래

손톱의 모습을 본뜬 조(爪)와 손에 무기를 쥐고 있는 모습을 본뜬 한자인 '尹(윤)' 이 합쳐졌습니다.

다툴 **쟁** (爪부) 爭 爭 爭 爭 爭 爭 爭 爭 (총 8획)

필순에 따라 빈 칸에 한자를 쓰고 훈과 음을 쓰세요.

爭	爭	爭	爭	爭	爭	爭
다툴 쟁						
爭						
약자 争						

교과서 한자

· 戰爭(전쟁) : 나라 간에 서로 무력을 써서 하는 싸움.
· 競爭(경쟁) : 서로 겨루어 다툼.
· 상대, 반의어 : 和(화할 화) 유의어 : 競(다툴 경) 戰(싸움 전)

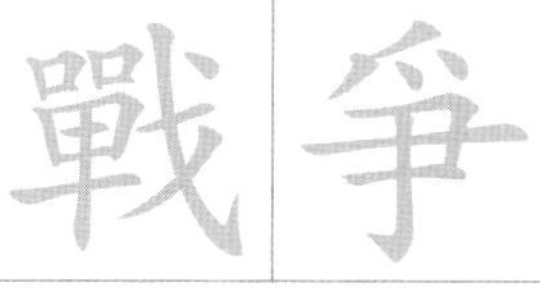

戰 爭 競 爭

월 일 확인:

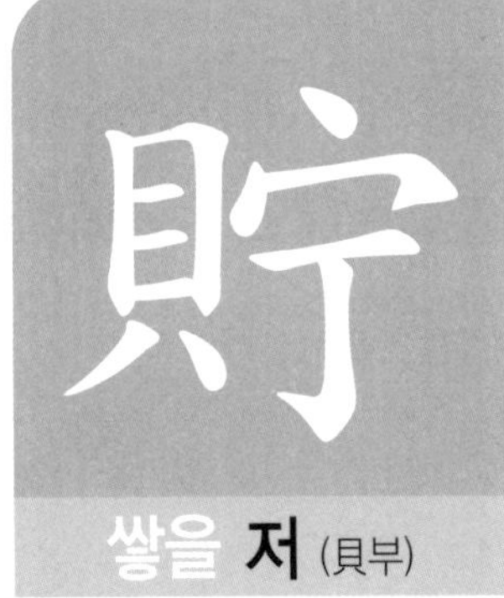

한자의 유래

재물을 쌓는다는 뜻을 가진 패(貝)와 발음을 결정한 저(宁)가 합쳐진 한자입니다.

쌓을 저 (貝부)

貯 貯 貯 貯 貯 貯 貯 貯 貯 貯 貯 貯 (총 12획)

필순에 따라 빈 칸에 한자를 쓰고 훈과 음을 쓰세요.

貯	貯	貯	貯	貯	貯	貯
쌓을 저						
貯						

교과서 한자

· 貯金(저금) : 돈을 모아 둠.

· 貯水(저수) : 물을 가두어 모아 둠.

貯金 貯水

월 일 확인:

한자의 유래

사람의 모습을 본뜬 대(大)와 불의 모습을 본뜬 화(火)가 합쳐진 한자로 붉은 불에 사람이 타고 있는 모습을 본뜬 한자입니다.

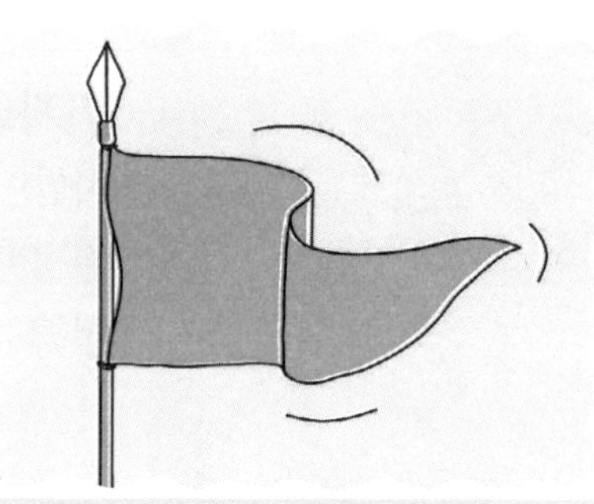

붉을 적 (赤부) 赤 赤 赤 赤 赤 赤 赤 (총 7획)

필순에 따라 빈 칸에 한자를 쓰고 훈과 음을 쓰세요.

赤	赤	赤	赤	赤	赤	赤
붉을 적						
赤						

교과서 한자

· 赤道(적도) : 위도의 기준이 되는 선.

· 赤色(적색) : 짙은 붉은 색.

赤道
赤色

월 일 확인:

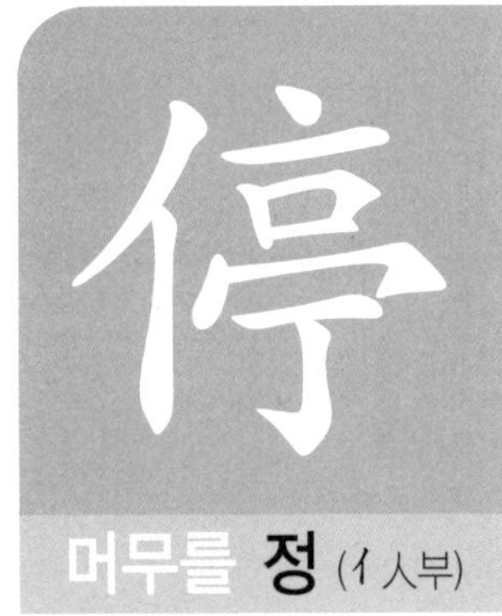

한자의 유래

사람이 발걸음을 '머무르다' 라는 뜻을 결정한 사람 인(亻/人)과 발음을 결정한 정(亭)이 합쳐진 한자입니다.

머무를 정 (亻人부) 停停停停停停停停停停停 (총 11획)

필순에 따라 빈 칸에 한자를 쓰고 훈과 음을 쓰세요.

停	停	停	停	停	停	停
머무를 정						
停						

교과서 한자

· 停車(정차) : 가던 차를 멈춤.

· 停電(정전) : 전기가 끊어짐.

월 일 확인:

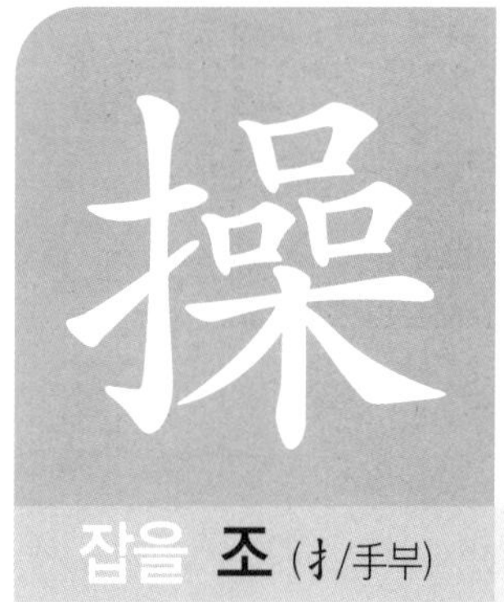

한자의 유래

잡는다는 뜻을 가지고 있는 손 수(扌/手)와 발음을 결정한 조(品 + 木)가 합쳐진 한자입니다.

잡을 조 (扌/手부) (총 16획)

필순에 따라 빈 칸에 한자를 쓰고 훈과 음을 쓰세요.

操	操	操	操	操	操	操
잡을 조						
操						

교과서 한자

· 操身(조신) : 몸가짐을 조심함.
· 操心(조심) : 삼가고 주의함.

월 일 확인:

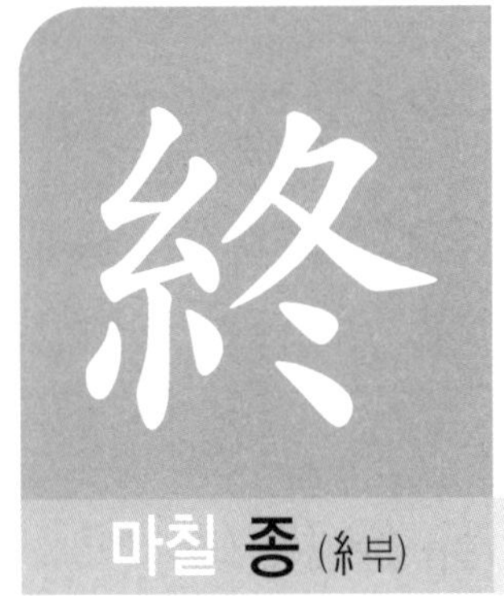

한자의 유래

실 끝이란 뜻을 표현한 사(糸)와 뜻을 결정 한 동(冬)이 합쳐진 한자입니다.

마치는 종이
울리네...

마칠 종 (糸부) 終 終 終 終 終 終 終 終 終 終 終 (총 11획)

필순에 따라 빈 칸에 한자를 쓰고 훈과 음을 쓰세요.

終	終	終	終	終	終	終
마칠 종						
終						

교과서 한자

- 終結(종결) : 일을 끝냄.
- 始終(시종) : 처음과 끝.
- 유의어 : 末(끝 말) 結(맺을 결) 상대, 반의어 : 始(비로소 시)

終結 始終

월 일 확인:

한자의 유래

그물의 모습을 본뜬 망(罒/網)과 죄를 지었다는 뜻을 결정한 그를 비(非)가 합쳐진 한자입니다.

허물 죄 (罒부) 罪 罪 罪 罪 罪 罪 罪 罪 罪 罪 罪 罪 罪 (총 13획)

필순에 따라 빈 칸에 한자를 쓰고 훈과 음을 쓰세요.

罪	罪	罪	罪	罪	罪	罪
허물 죄						
罪						

교과서 한자

· 罪目(죄목) : 저지른 죄의 명목.

· 罪科(죄과) : 죄와 허물 또는 법률에 의거한 처벌.

罪目 罪科

단원 확인학습

1. 다음 漢字(한자)의 讀音(독음)을 ( )안에 쓰세요.

1) 문제를 해결하기 위해서는 우선 문제의 原因(   )을 파악하여야 한다.

2) 시간이 흐르자 두 나라는 교역을 再開(   )하였다.

3) 책임감이 없는 사람에게 자유는 축복이 아니라 災(   )앙이다.

4) 戰爭(   )은 인간이 겪을 수 있는 최악의 비극이다.

5) 감자는 싹이 나지 않게 서늘한 곳에서 貯(   )장하여야 한다.

6) 지나친 뱃살은 건강의 赤(   )신호이다.

7) 큰 아버지는 올 해 공무원을 停年(   ) 퇴임하신다.

8) 나의 꿈은 비행기 操(   )종사이다.

9) 시험의 終(   )료를 알리는 종이 울렸다.

10) 이런 실수를 하다니! 정말 罪(   )송합니다.

2. 다음 밑줄 친 말과 뜻이 통하는 漢字(한자)를 보기에서 골라 번호를 쓰세요.

보기					
	① 終	② 停	③ 罪	④ 災	⑤ 爭
	⑥ 再	⑦ 赤	⑧ 貯	⑨ 操	⑩ 因

1) 원인이 뭔지를 잘 살펴라. (　　　)

2) 화재로 인한 피해가 심각하다. (　　　)

3) 사랑은 쟁취하는 것인가? (　　　)

4) 저축하는 습관을 길러야 한다. (　　　)

5) 이 프로그램은 언제 재방송을 하니? (　　　)

6) 사실 소는 색맹이라 붉은 색을 구별하지 못한다. (　　　)

7) 정거장에 너무 많은 사람들이 버스를 기다린다. (　　　)

8) 땅이 얼었을 때는 조심 조심 걸어야 한다. (　　　)

9) '죄와 벌'은 도스토엡스키의 장편소설이다. (　　　)

10) 이 버스는 종착지까지 무정차다. (　　　)

예상 문제 因再災爭貯赤停操終罪

1. 다음 漢字語(한자어)의 讀音(독음)을 쓰세요.

1) 原因 ( )
2) 再建 ( )
3) 火災 ( )
4) 競爭 ( )
5) 貯金 ( )
6) 赤色 ( )
7) 停電 ( )
8) 操心 ( )
9) 終結 ( )
10) 罪人 ( )
11) 要因 ( )
12) 再生 ( )
13) 災害 ( )
14) 言爭 ( )
15) 貯水 ( )
16) 赤道 ( )
17) 停車 ( )
18) 操身 ( )
19) 始終 ( )
20) 罪惡 ( )

2. 다음 漢字(한자)의 訓(훈)과 音(음)을 쓰세요.

1) 終 (,)
2) 停 (,)
3) 罪 (,)

4) 災 (　　　　　,　　　　　)

5) 争 (　　　　　,　　　　　)

6) 再 (　　　　　,　　　　　)

7) 赤 (　　　　　,　　　　　)

8) 貯 (　　　　　,　　　　　)

9) 操 (　　　　　,　　　　　)

10) 因 (　　　　　,　　　　　)

3.다음 질문에 맞는 漢字(한자)를 보기에서 골라 번호를 쓰세요.

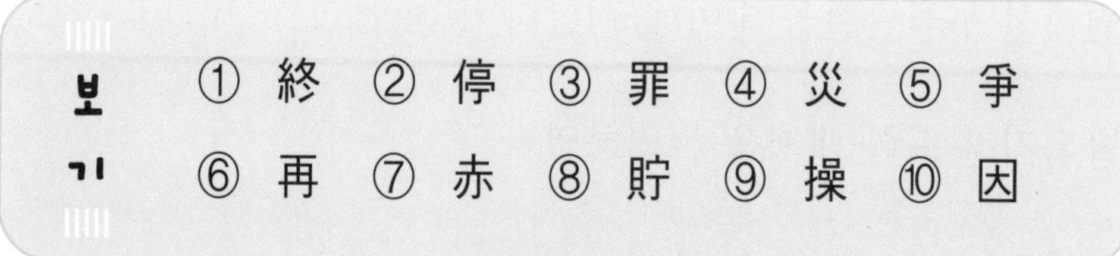

보기

① 終 ② 停 ③ 罪 ④ 災 ⑤ 争

⑥ 再 ⑦ 赤 ⑧ 貯 ⑨ 操 ⑩ 因

1) 和와 반대의 의미를 가진 한자는?

2) 始와 반대의 의미를 가진 한자는?

3) 果와 상대의 의미를 가진 한자는?

4) 情과 音은 같으나 뜻이 다른 한자는?

5) 的과 音은 같으나 뜻이 다른 한자는?

6) 調와 音은 같으나 뜻이 다른 한자는?

7) 天(　　　　)地變(지진이나 홍수처럼 자연현상에 의한 재앙)에 들어갈 한자는?

4. 다음 밑줄 친 단어를 漢字(한자)로 쓰세요.

1) 인과란 원인과 결과를 이르는 말이다. (　　　　)

2) 그녀는 법원에서 무죄판결을 받아 풀려났다. (　　　　)

3) 사고가 재발되지 않도록 대책을 논의하였다. (　　　　)

4) 가뭄으로 인해 저수량이 현저히 줄어들었다. (　　　　)

5) 이 핸드폰은 조작이 간편하여 노년층에게 인기가 있다. (　　　　)

5. 다음 뜻에 맞는 한자를 보기에서 고르시오

보기			
	① 再發	② 戰爭	③ 天災
	④ 赤字	⑤ 因果	

1) 원인과 결과 (   )

2) 다시 발생함 (   )

3) 자연현상으로 일어나는 재난 (   )

4) 무력으로 국가 간에 싸우는 일 (   )

5) 지출이 수입보다 많아 생긴 결손액 (   )

6. 赤(붉을 적)를 쓰는 순서에 맞게 각 획에 번호를 쓰세요.

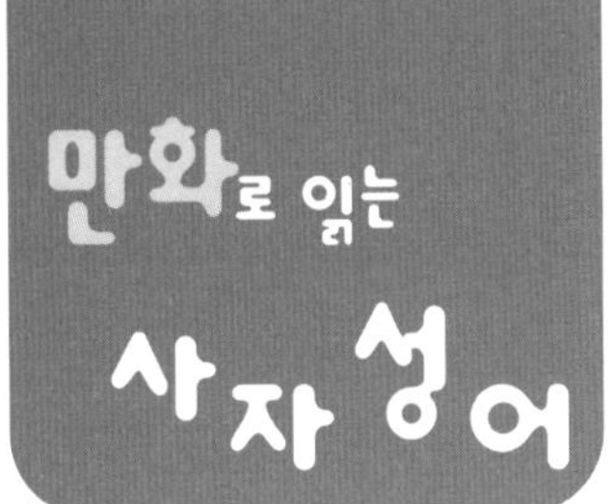
만화로 읽는
사자성어

因果應報(인과응보)

불교에서 과거 또는 전생의 선악의 인연에 따라서 뒷날 길흉화복의 갚음을 받게 됨을 이르는 말입니다.

휴일인데 뭐 신나는 일 없냐?
너는 있니?

누가 깡통을 여기에 버렸지?
비켜 봐.
까

통
크르르

으아아~
컹컹

보람아, 나 좀 살려 줘~
쯧쯧…
이게 다 인과응보야.

✣ 因:인할 인, 果:과실 과, 應:응할 응, 報:알릴 보

초보운전
X1245

5급 과정

止
그칠 지

唱
부를 창

鐵
쇠 철

초보운전
X1245
初
처음 초

最
가장 최

祝
빌 축

致
이를 치

則
법칙 칙/곧 즉

他
다를 타

打
칠 타

월 일 확인:

한자의 유래

발의 모습을 본뜬 한자로 '발걸음을 멈추다'는 뜻에서 유래되었습니다.

그칠 지 (止부) 止 止 止 止 (총 4획)

필순에 따라 빈 칸에 한자를 쓰고 훈과 음을 쓰세요.

止	止	止	止	止	止	止
그칠 지						
止						

교과서 한자

- 中止(중지) : 무엇을 하다가 중간에 그침.
- 停止(정지) : 움직이던 것이 멈추거나 그침.
- 유의어 : 停(머무를 정)

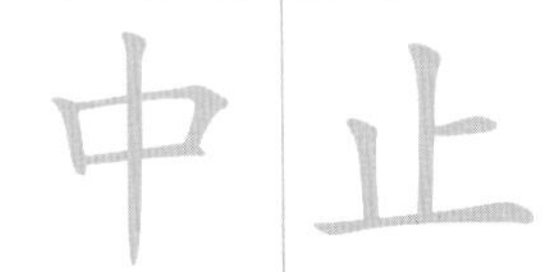

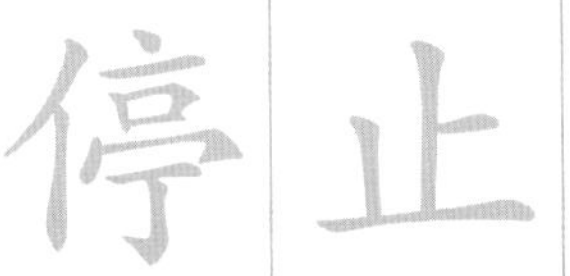

월 일 확인:

한자의 유래

뜻을 결정한 구(口)와 발음을 결정한 창(昌)이 합쳐진 한자입니다.

부를 창 (口부)

唱 唱 唱 唱 唱 唱 唱 唱 唱 唱 唱 (총 11획)

필순에 따라 빈 칸에 한자를 쓰고 훈과 음을 쓰세요.

唱	唱	唱	唱	唱	唱	唱
부를 창						
唱						

교과서 한자

· 合唱(합창) : 여러 사람이 소리를 맞추어 노래함.

· 獨唱(독창) : 혼자서 노래함.

合唱

獨唱

월 일 확인:

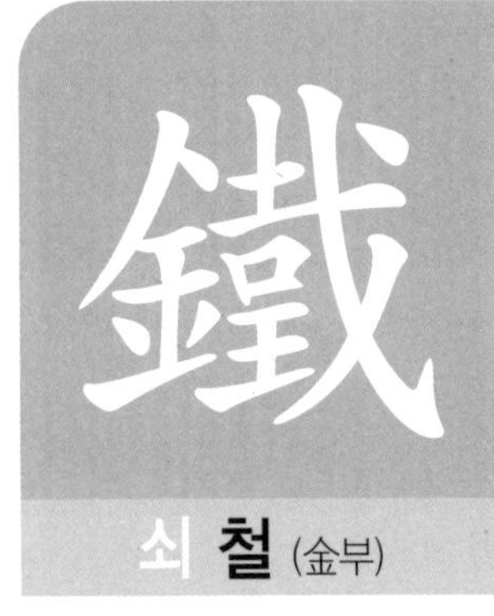

한자의 유래

쇠붙이의 재료를 뜻하는 쇠 금(金)과
발음을 결정한 '철' 이 합쳐진 한자입니다.

방울이 쇠로 만들어 졌나봐!!!

쇠 철 (金부) 鐵 鐵 鐵 鐵 鐵 鐵 鐵 鐵 鐵 鐵 鐵 鐵 鐵 (총 21획)

필순에 따라 빈 칸에 한자를 쓰고 훈과 음을 쓰세요.

鐵	鐵	鐵	鐵	鐵	鐵	鐵
쇠 철						
鐵						
약자 鉄						

교과서 한자

· 鐵橋(철교) : 철골 구조로 된 교량.
· 鐵馬(철마) : '기차' 를 달리 이르는 말.

월 일 확인:

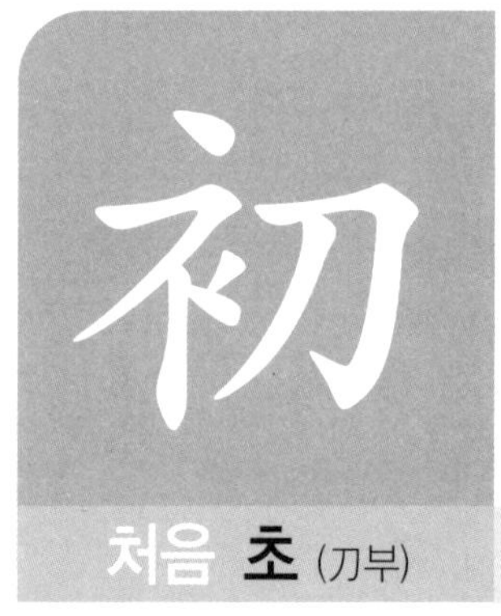

한자의 유래

옷 의(衣) 모양의 변형자인 의(衤)와 칼의 모습을 본떠 만든 한자로 칼로 '처음에' 옷감을 마름질한다는 뜻에서 유래되었습니다.

초보운전
X1245

처음 초 (刀부)

初 初 初 初 初 初 初 (총 7획)

필순에 따라 빈 칸에 한자를 쓰고 훈과 음을 쓰세요.

初	初	初	初	初	初	初
처음 초						
初						

교과서 한자

· 始初(시초) : 맨 처음.
· 初代(초대) : 어떤 계통의 첫 번째 사람.
· 유의어 : 始(비로소 시) 상대, 반의어 : 終(마칠 종) 末(끝 말)

始初 初代

월 일 확인:

한자의 유래

태양이 가장 높이 떠 있다는 뜻의 일(日)과 발음을 결정한 취(取)가 합쳐진 한자입니다.

가장 **최** (日부) 最 最 最 最 最 最 最 最 最 最 最 最 (총 12획)

필순에 따라 빈 칸에 한자를 쓰고 훈과 음을 쓰세요.

最	最	最	最	最	最	最
가장 최						
最						

교과서 한자

· 最高(최고) : 가장 높음.

· 最善(최선) : 가장 좋거나 훌륭함.

最高 最善

월 일 확인:

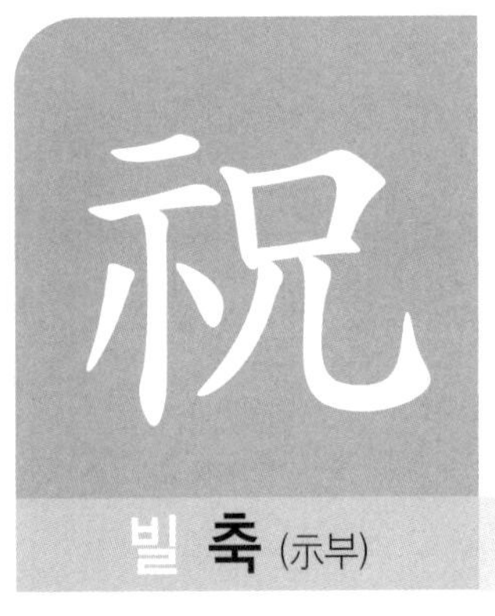

한자의 유래

신탁의 모양을 본뜬 시(示)와 입을 강조한 형(兄)이 합쳐진 한자로 신에게 자신의 소원을 빈다는 뜻이 되었습니다.

빌 축 (示부)

祝 祝 祝 祝 祝 祝 祝 祝 祝 祝 (총 10획)

필순에 따라 빈 칸에 한자를 쓰고 훈과 음을 쓰세요.

祝	祝	祝	祝	祝	祝	祝
빌 축						
祝						

교과서 한자

· 祝歌(축가) : 축하하는 뜻으로 부르는 노래.

· 祝福(축복) : 행복을 빎.

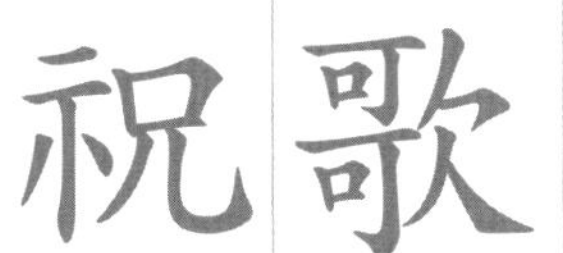

祝福

월 일 확인:

한자의 유래

발음을 결정한 지(至)와 손으로 보내다는 뜻의 손 모양을 본뜬 복(攵)이 합쳐진 한자입니다.

이를 치 (至부)

致 致 致 致 致 致 致 致 致 致 (총 10획)

필순에 따라 빈 칸에 한자를 쓰고 훈과 음을 쓰세요.

致	致	致	致	致	致	致
이를 치						
致						

교과서 한자

- 景致(경치) : 자연의 풍경.
- 致死(치사) : 죽음에 이르게 함.
- 유의어 : 到(이를 도)

景	致

致	死

한자의 유래

솥의 모양을 본뜬 貝(패)와 칼의 모양을 본뜬 刂(도)가 합쳐져 칼로 솥에 법이 될 만한 문구를 새긴다는 데서 법칙이란 뜻이 되었습니다.

법칙 칙/곧 즉 (刀부) 則 則 則 則 則 則 則 則 則 (총 9획)

필순에 따라 빈 칸에 한자를 쓰고 훈과 음을 쓰세요.

則	則	則	則	則	則	則
법칙 칙 / 곧 즉						
則						

교과서 한자

- 法則(법칙) : 지켜야 할 규칙.
- 規則(규칙) : 여러 사람이 함께 지키기로 한 법.
- 유의어 : 法(법 법) 規(법 규)

法則 規則

월 일 확인:

한자의 유래

인(亻/人)은 나와 다른 사람이라는 뜻을, 야(也)는 발음을 결정했습니다.

다를 타 (亻/人부) 他他他他他 (총 5획)

필순에 따라 빈 칸에 한자를 쓰고 훈과 음을 쓰세요.

他	他	他	他	他	他	他
다를 타						
他						

교과서 한자

· 他人(타인) : 다른 사람.
· 出他(출타) : 볼일을 보러 나감.
· 상대, 반의어 : 自(스스로 자)

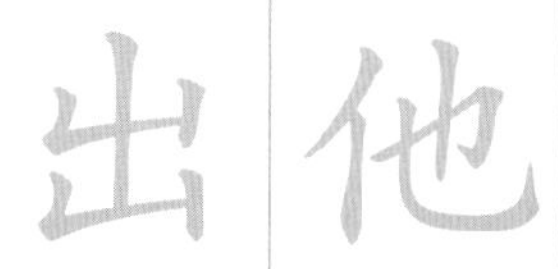

월 일 확인:

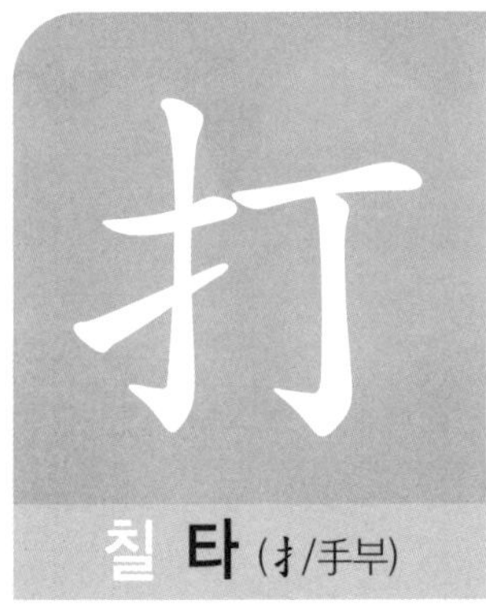

한자의 유래

손 수(手)의 변형자인 수(扌)를 본뜬 한자와 못의 모양을 본뜬 한자가 합쳐져 손으로 못을 박아 넣다는 뜻에서 때리다는 뜻이 되었습니다.

칠 타 (扌/手부) 打 打 打 打 打 (총 5획)

필순에 따라 빈 칸에 한자를 쓰고 훈과 음을 쓰세요.

打	打	打	打	打	打	打
칠 타						
打						

교과서 한자

· 打者(타자) : 야구에서 상대편 투수의 공을 치는 선수.

· 打席(타석) : 야구에서 타자가 공을 치는 구역.

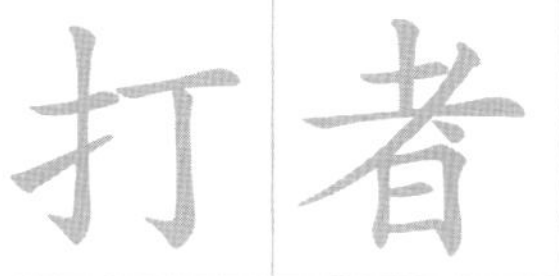

打者 打席

단원 확인학습

1. 다음 漢字(한자)의 讀音(독음)을 (　)안에 쓰세요.

1) 상처 부위를 붕대로 묶어 우선 止(　　)혈을 하고나서 병원으로 옮겼다.

2) 아버지의 愛唱曲(　　)은 룰라의 날개 잃은 천사이다.

3) 다음 정거장에서 地下鐵(　　)로 환승하여야 한다.

4) 올해 태곤이는 初等學校(　　)를 졸업하고 중학교에 입학하였다.

5) 1969년 7월 인류는 最初(　　)로 달에 착륙하였다.

6) 6월에는 제주도 서귀포시 보목항에서 자리돔 祝(　　)제가 열린다.

7) 납致(　　)된 인질들은 무사히 구조되었다.

8) 原則(　　) 없는 리더는 신뢰를 얻지 못한다.

9) 他(　　)향이라 그런지 모든 것이 낯설고 서먹서먹하다.

10) 打作(　　)이 끝난 논에는 이삭줍기를 하는 사람들이 있었다.

2. 다음 밑줄 친 말과 뜻이 통하는 漢字(한자)를 보기에서 골라 번호를 쓰세요.

보기					
	① 唱	② 他	③ 打	④ 初	⑤ 止
	⑥ 致	⑦ 祝	⑧ 則	⑨ 最	⑩ 鐵

1) 경기 규칙을 위반하지 말아라! (　　　)

2) 최고 보다 아름다운 것은 최선이다. (　　　)

3) 처음부터 잘하는 사람은 없다. (　　　)

4) 합창에는 모든 사람들의 조화가 중요하다. (　　　)

5) 기차는 어느덧 종착역에 이르렀다. (　　　)

6) 자동차는 거의 모든 부분이 철로 만들어졌다. (　　　)

7) 급수한자 시험에 합격했다니 축하해! (　　　)

8) 타인에 대한 무관심이 너무 심하다.(　　　)

9) 야구에서 투수는 공을 던지고 타자는 그 공을 배트로 친다. (　　　)

10) 이곳은 수영 금지 구역이다. (　　　)

예상 문제 止唱鐵初最祝致則他打

1. 다음 漢字語(한자어)의 讀音(독음)을 쓰세요.

1) 停止 (　　　　　　)　　11) 中止 (　　　　　　)

2) 獨唱 (　　　　　　)　　12) 合唱 (　　　　　　)

3) 鐵道 (　　　　　　)　　13) 鐵橋 (　　　　　　)

4) 初期 (　　　　　　)　　14) 初面 (　　　　　　)

5) 最高 (　　　　　　)　　15) 最善 (　　　　　　)

6) 祝福 (　　　　　　)　　16) 祝歌 (　　　　　　)

7) 景致 (　　　　　　)　　17) 一致 (　　　　　　)

8) 規則 (　　　　　　)　　18) 法則 (　　　　　　)

9) 他人 (　　　　　　)　　19) 他國 (　　　　　　)

10) 打者 (　　　　　　)　　20) 打令 (　　　　　　)

2. 다음 漢字(한자)의 訓(훈)과 音(음)을 쓰세요.

1) 唱 (　　　　,　　　　)

2) 他 (　　　　,　　　　)

3) 打 (　　　　,　　　　)

4) 初 (　　　　,　　　　)

5) 止 (　　　　,　　　　)

6) 致 (　　　　,　　　　)

7) 祝 (　　　　,　　　　)

8) 則 (　　　　,　　　　)

9) 最 (　　　　,　　　　)

10) 鐵 (　　　　,　　　　)

3. 다음 질문에 맞는 漢字(한자)를 보기에서 골라 번호를 쓰세요.

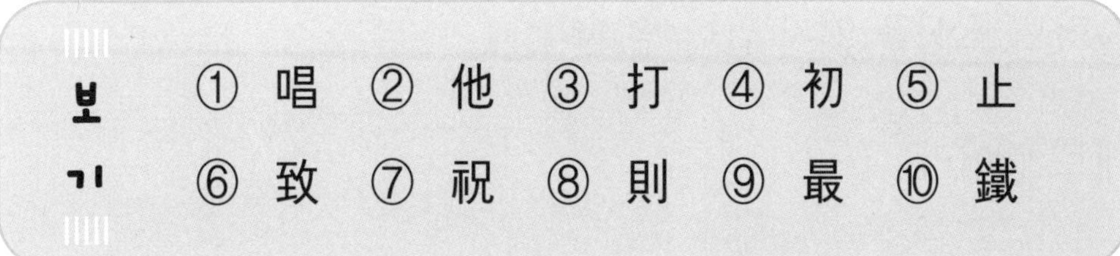
보기
① 唱 ② 他 ③ 打 ④ 初 ⑤ 止
⑥ 致 ⑦ 祝 ⑧ 則 ⑨ 最 ⑩ 鐵

1) 終과 반대의 의미를 가진 한자는?

2) 自와 상대의 의미를 가진 한자는?

3) 到와 비슷한 의미를 가진 한자는?

4) 規와 비슷한 의미를 가진 한자는?

5) 窓과 音은 같으나 뜻이 다른 한자는?

6) 知와 音은 같으나 뜻이 다른 한자는?

7) 利害(　　　)算(이해관계를 꼼꼼히 따져봄)에 들어갈 한자는?

4. 다음 밑줄 친 단어를 漢字(한자)로 쓰세요.

1) 이 금속은 고철을 녹여 재생한 것이다. (　　　　　)

2) 시간이 흘러도 초심을 잃지 말아야 한다. (　　　　　)

3) 팔을 최대로 뻗어라! (　　　　　)

4) 눈을 찌르는 것은 반칙이다. (　　　　　)

5) 그가 이 분야의 최고라는 것은 자타가 인정하는 사실이다. (　　　　　)

5. 다음 뜻에 맞는 한자를 보기에서 고르시오

보기			
	① 停止	② 打者	③ 祝歌
	④ 最近	⑤ 鐵則	

1) 축하의 뜻을 담은 노래 (　　　　　)

2) 얼마 지나지 않은 과거에서 현재까지 (　　　　　)

3) 반드시 지켜야 하거나 어길 수 없는 법칙 (　　　　　)

4) 야구에서 배트를 가지고 상대편 투수의 공을 치는 선수 (　　　　　)

5) 움직이던 것이 멎거나 그침 (　　　　　)

6. 止(그칠 지)를 쓰는 순서에 맞게 각 획에 번호를 쓰세요.

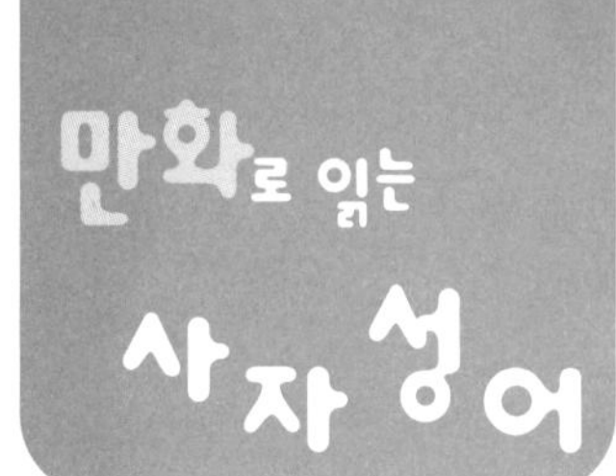
만화로 읽는
사자성어

今始初聞(금시초문)

이제야 비로소 처음 들었다는 뜻입니다.

지금 오니?
쓱-쓱

밖에서 무슨 일 있었어?
예슬이가 기준이가 더 좋대.

그래? 안 됐다. 그런데 기준이는 다른 데 마음이 있다던데…

걱정 마. 예슬이 뜻대로 잘 안 될 거야. 기준이는 나를 좋아하거든.

뭐라고? 기준이가 널? 금시초문인데… 언제부터야?
히, 희망 사항이라 이거지 뭐….

✣ 今:이제 금, 時:때 시, 初:처음 초, 聞:들을 문

5급 과정

卓
높을 탁

炭
숯 탄

板
널 판

敗
패할 패

河
물 하

寒
찰 한

許
허락할 허

湖
호수 호

患
근심 환

黑
검을 흑

월 일 확인:

한자의 유래

새의 모습이 지금의 모습으로 변한 복(卜)과 새를 잡는 그물의 모양을 본뜬 글자인 早(조)가 합쳐진 한자로 높이 나는 새를 잡는다는 뜻에서 유래했습니다.

높을 **탁** (十부)

卓 卓 卓 卓 卓 卓 卓 卓 (총 8획)

필순에 따라 빈 칸에 한자를 쓰고 훈과 음을 쓰세요.

卓	卓	卓	卓	卓	卓	卓
높을 탁						
卓						

교과서 한자

- 卓子(탁자) : 책상 모양으로 만든 세간.
- 食卓(식탁) : 식사할 때 음식을 차려 놓는 상.
- 유의어 : 高(높을 고)

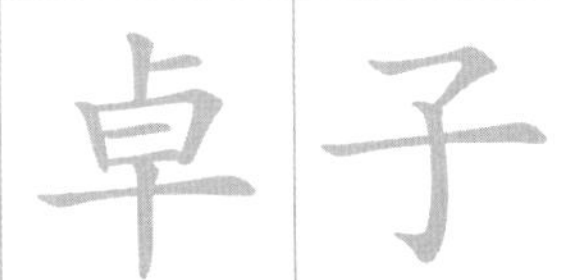

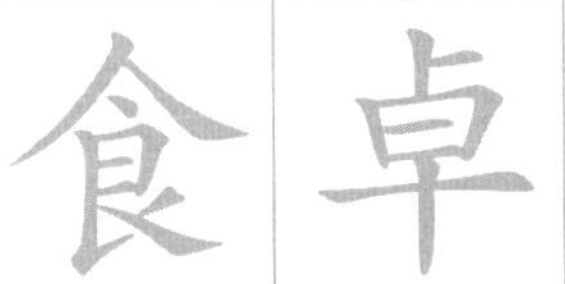

월 일 확인:

한자의 유래

山(산)과 厂(엄)과 火(화)가 합쳐진 한자로
지금은 숯이라는 뜻으로 쓰입니다.

숯 탄 (火부) 炭 炭 炭 炭 炭 炭 炭 炭 炭 (총 9획)

필순에 따라 빈 칸에 한자를 쓰고 훈과 음을 쓰세요.

炭	炭	炭	炭	炭	炭	炭
숯 탄						
炭						

교과서 한자

· 木炭(목탄) : 나무를 태운 숯.
· 石炭(석탄) : 옛날 식물이 땅속에 묻혀 된 타기 쉬운 광물질.

木炭 石炭

월 일 확인:

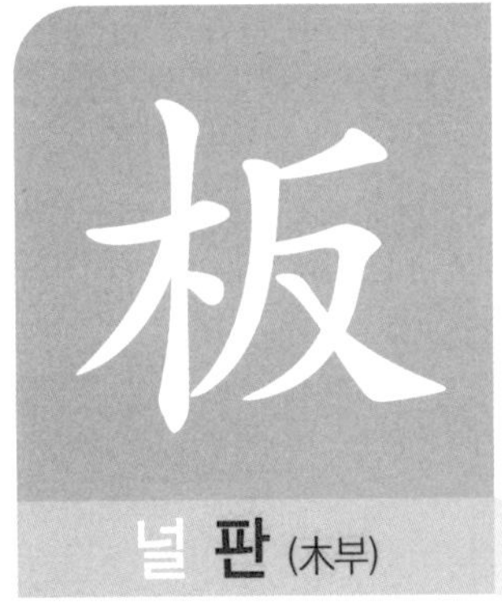

한자의 유래

널빤지의 재료인 나무의 모양을 본뜬 목(木)과 발음을 결정한 반(反)이 합쳐진 한자입니다.

널 판 (木부) 板 板 板 板 板 板 板 板 (총 8획)

필순에 따라 빈 칸에 한자를 쓰고 훈과 음을 쓰세요.

板	板	板	板	板	板	板
널 판						
板						

교과서 한자

· 板子(판자) : 널빤지.

· 氷板(빙판) : 물이나 눈이 얼어서 미끄러운 바닥.

板子 氷板

월 일 확인:

한자의 유래

발음을 결정한 패(貝)와 손에 무기를 들고 있는 모습인 복(攵)이 합쳐져 전쟁에서 '패하다' 는 뜻이 결정되었습니다.

패할 패 (攵부) 敗 敗 敗 敗 敗 敗 敗 敗 敗 敗 敗 (총 11획)

필순에 따라 빈 칸에 한자를 쓰고 훈과 음을 쓰세요.

敗	敗	敗	敗	敗	敗	敗
패할 패						
敗						

교과서 한자

· 敗北(패배) : 싸움이나 겨루기에서 짐.

· 勝敗(승패) : 이기고 짐.

敗北 勝敗

월 일 확인:

한자의 유래

뜻을 결정한 물 수(氵/水)와 발음을 결정한 가(可)가 합쳐진 한자입니다.

물 **하** (氵/水부)

河 河 河 河 河 河 河 河 (총 8획)

필순에 따라 빈 칸에 한자를 쓰고 훈과 음을 쓰세요.

河	河	河	河	河	河	河
물 하						
河						

교과서 한자

- 河川(하천) : 시내, 강.
- 河口(하구) : 강물이 바다로 흘러 들어가는 어귀.
- 상대, 반의어 : 山(뫼 산) 유의어 : 水(물 수) 川(내 천)

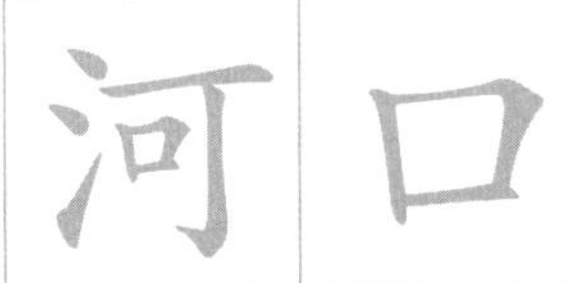

월 일 확인:

한자의 유래

집의 모양을 본뜬 면(宀)과 볏짚 모양, 사람(人), 얼음의 모습을 본뜬 빙(氷)이 합쳐진 한자입니다.

찰 한 (宀부) 寒寒寒寒寒寒寒寒寒寒寒寒 (총 12획)

필순에 따라 빈 칸에 한자를 쓰고 훈과 음을 쓰세요.

寒	寒	寒	寒	寒	寒	寒
찰 한						
寒						

교과서 한자

· 寒冷(한랭) : 기온이 낮고, 매우 추움.
· 寒氣(한기) : 추운 기운.
· 유의어 : 冷(찰 랭) 상대, 반의어 : 溫(따뜻할 온) 熱(더울 열)

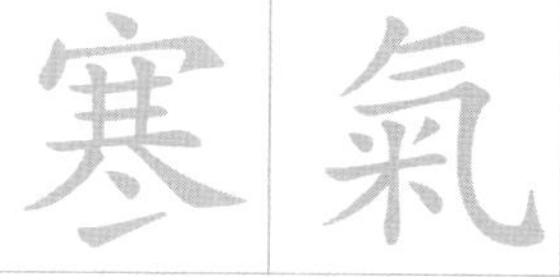

월 일 확인:

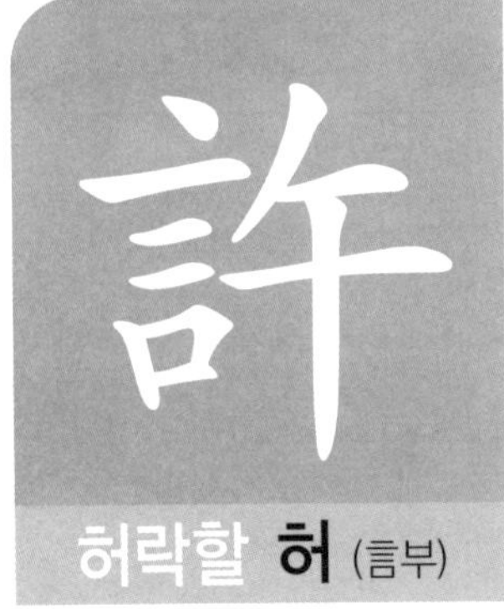

한자의 유래

입으로 상대의 뜻에 허락하다는 의미의 언(言)과 발음을 결정한 오(午)가 합쳐진 한자입니다.

허락할 **허** (言부)

許 許 許 許 許 許 許 許 許 許 **許** (총 11획)

필순에 따라 빈 칸에 한자를 쓰고 훈과 음을 쓰세요.

許	許	許	許	許	許	許
허락할 허						
許						

교과서 한자

· 許可(허가) : 어떤일을 하도록 허락함.

· 特許(특허) : 특별히 허가함.

許	可

特	許

월 일 확인:

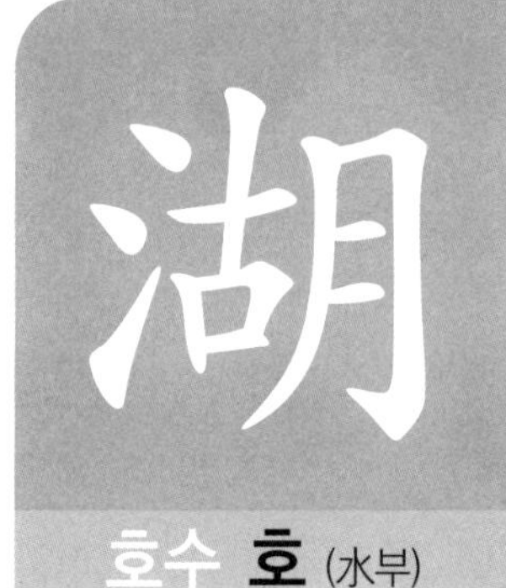

한자의 유래

뜻을 결정한 물 수(氵/水)와 발음을 결정한 호(胡)가 합쳐진 한자입니다.

호수 호 (水부)

湖 湖 湖 湖 湖 湖 湖 湖 湖 湖 湖 湖 (총 12획)

필순에 따라 빈 칸에 한자를 쓰고 훈과 음을 쓰세요.

湖	湖	湖	湖	湖	湖	湖
호수 호						
湖						

교과서 한자

· 湖水(호수) : 육지의 내부에 넓고 깊게 맑은 물이 괴어 있는 곳.

· 江湖(강호) : 강과 호수 또는 속세와 대비되는 자연.

湖	水		江	湖

월 일 확인:

근심 환 (心부)

한자의 유래

발음을 결정한 관(串)과 감정 상태를 나타내는 심(心)이 합쳐진 한자입니다.

患患患患患患患患患患患 (총 11획)

필순에 따라 빈 칸에 한자를 쓰고 훈과 음을 쓰세요.

患	患	患	患	患	患	患
근심 환						
患						

교과서 한자

· 後患(후환) : 뒷날에 생기는 걱정이나 근심.

· 病患(병환) : '병' 의 높임말.

後患 病患

월 일 확인:

한자의 유래

검댕이가 날아다니는 아궁이의 모습을 본뜬 한자로 아래에 화(灬/火)가 합쳐진 것입니다.

검을 **흑** (黑부) 黑 黑 黑 黑 黑 黑 黑 黑 黑 黑 黑 黑 (총 12획)

필순에 따라 빈 칸에 한자를 쓰고 훈과 음을 쓰세요.

黑	黑	黑	黑	黑	黑	黑
검을 흑						
黑						

교과서 한자

- 黑白(흑백) : 검은 빛과 흰 빛.
- 黑心(흑심) : 음흉하고 부정한 마음.
- 상대, 반의어 : 白(흰 백)

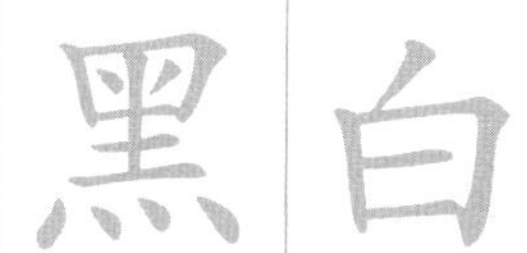

단원 확인학습

1. 다음 漢字(한자)의 讀音(독음)을 (　)안에 쓰세요.

1) 그 아이는 卓球(　　)를 꽤 잘 쳤다.

2) 과거에는 집집마다 연炭(　　)을 쌓아 놓는 광이라는 곳이 있었다.

3) 시골에서 올라온 그는 도시의 휘황찬란한 간板(　　)에 넋을 잃었다.

4) 때로는 失敗(　　)에서 더 많은 것을 배울 수 있다.

5) 밤하늘에 銀河水(　　)를 본 적이 있니?

6) 오십보백보 둘 다 寒心(　　)한 녀석들이다.

7) 말도 안되는 이런 일들이 許多(　　)하게 일어나고 있다.

8) 충청남북도를 湖西(　　)지방이라고도 한다.

9) 여러 가지 우患(　　)이 겹치자 잠을 이룰 수 없었다.

10) 천둥 번개로 정전이 되자 도시는 암黑(　　)천지가 되었다.

2. 다음 밑줄 친 말과 뜻이 통하는 漢字(한자)를 보기에서 골라 번호를 쓰세요.

보기					
	① 敗	② 黑	③ 板	④ 河	⑤ 湖
	⑥ 炭	⑦ 許	⑧ 卓	⑨ 患	⑩ 寒

1) 그 사람은 탁월한 식견이 있다.(　　　)

2) 승패에만 너무 집착하지 마라!(　　　)

3) 석탄은 땅속에서 나는 검은색 물질이다.(　　　)

4) 이 공사에는 많은 판목이 쓰였다.(　　　)

5) 우리 동네 하천에는 언제나 맑은 물이 흐른다.(　　　)

6) 검은색은 내가 좋아하는 색이다.(　　　)

7) 너무 근심하지 마라!(　　　)

8) 제발 허락해 주세요!(　　　)

9) 올 겨울엔 한파가 온다고 하였다.(　　　)

10) 호수주변에는 소풍나온 사람들이 많았다.(　　　)

예상 문제 卓炭板敗河寒許湖患黑

1. 다음 漢字語(한자어)의 讀音(독음)을 쓰세요.

1) 食卓 (　　　　　　　　)
2) 石炭 (　　　　　　　　)
3) 氷板 (　　　　　　　　)
4) 勝敗 (　　　　　　　　)
5) 河川 (　　　　　　　　)
6) 寒冷 (　　　　　　　　)
7) 許可 (　　　　　　　　)
8) 湖水 (　　　　　　　　)
9) 患者 (　　　　　　　　)
10) 黑白 (　　　　　　　　)
11) 卓上 (　　　　　　　　)
12) 木炭 (　　　　　　　　)
13) 木板 (　　　　　　　　)
14) 敗因 (　　　　　　　　)
15) 氷河 (　　　　　　　　)
16) 寒氣 (　　　　　　　　)
17) 特許 (　　　　　　　　)
18) 湖南 (　　　　　　　　)
19) 後患 (　　　　　　　　)
20) 黑心 (　　　　　　　　)

2. 다음 漢字(한자)의 訓(훈)과 音(음)을 쓰세요.

1) 敗 (　　　　,　　　　)
2) 黑 (　　　　,　　　　)
3) 板 (　　　　,　　　　)

4) 河 (　　　　　,　　　　　)

5) 湖 (　　　　　,　　　　　)

6) 炭 (　　　　　,　　　　　)

7) 許 (　　　　　,　　　　　)

8) 卓 (　　　　　,　　　　　)

9) 患 (　　　　　,　　　　　)

10) 寒 (　　　　　,　　　　　)

3. 다음 질문에 맞는 漢字(한자)를 보기에서 골라 번호를 쓰세요.

보기
① 敗 ② 黑 ③ 板 ④ 河 ⑤ 湖
⑥ 炭 ⑦ 許 ⑧ 卓 ⑨ 患 ⑩ 寒

1) 勝과 반대의 의미를 가진 한자는?

2) 山과 상대의 의미를 가진 한자는?

3) 熱과 반대의 의미를 가진 한자는?

4) 高와 비슷한 의미를 가진 한자는?

5) 號와 音은 같으나 뜻이 다른 한자는?

6) (　　　)白論理(모든 것을 흑아니면 백 양극단으로만 구분하고 중간, 중립적인 적인 인정하지 않는 편향된 사고방식)에 들어갈 한자는?

4. 다음 밑줄 친 단어를 漢字(한자)로 쓰세요.

1) 벌어진 틈새로 차가운 바람이 들어오자 그곳에 합판을 대었다. (　　　　)

2) 숯을 목탄이라고도 하였다. (　　　　)

3) 그 선수는 기량이 매우 뛰어나 타의 추종을 불허하였다.(　　　　)

4) 이 사건을 우리사회의 썩어가는 환부를 도려내는 계기로 삼아야 한다. (　　　　)

5) 탁상공론은 이제 그만하고 실천을 합시다! (　　　　)

5. 다음 뜻에 맞는 한자를 보기에서 고르시오.

보기			
	① 敗亡	② 黑心	③ 不許
	④ 河口	⑤ 寒冷	

1) 싸움에 져서 망함 (   )

2) 강물이 바다로 흘러들어가는 어귀 (   )

3) 기온 낮고 매우 추움 (   )

4) 허락하지 아니함 (   )

5) 음흉하고 부정한 마음 (   )

6. 炭(숯 탄)를 쓰는 순서에 맞게 각 획에 번호를 쓰세요.

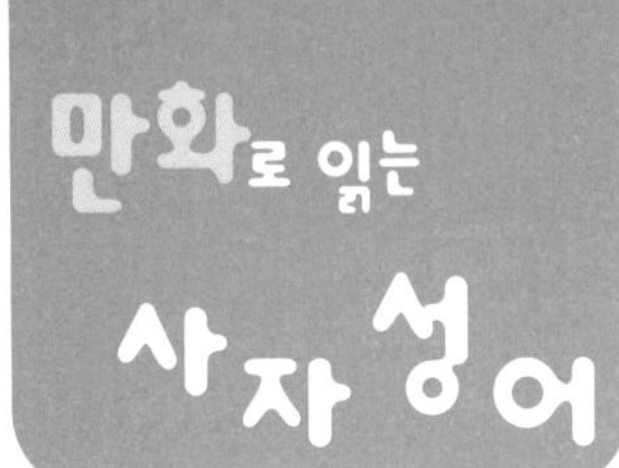
만화로 읽는
사자성어

有備無患(유비무환)

준비가 있으면 근심할 것이 없음을 이르는 말입니다.

보람아, 국어 노트 좀 빌려 줘.
나도 좀 부탁해. 응?

그러게, 평소에 필기들 좀 잘해. 나처럼 말이야.
다음부터 잘할 게. 빌려 줘라. 응?
제발….
노트

앞으로 나를 유비무환 소녀로 불러 줘.

너만 유비무환이냐? 나도 시험 준비 끝! 아무 걱정 없단 말이지.
정말?

김하늘, 따라 와라.
●●●●
이것 봐! 끝내주지?
짜잔~
컨닝 페이퍼

✣ 有:있을 유, 備:갖출 비, 無:없을 무, 患:근심 환

실전대비 총정리

다음 漢字語(한자어)의 獨音(독음)을 쓰세요. (1~50)

〈보기〉 漢字 → 한자

1. 貴人 ⇨
2. 畵家 ⇨
3. 河川 ⇨
4. 方向 ⇨
5. 德談 ⇨
6. 太陽 ⇨
7. 歌曲 ⇨
8. 家族 ⇨
9. 改名 ⇨
10. 東洋 ⇨
11. 半島 ⇨
12. 永遠 ⇨
13. 賞金 ⇨
14. 溫度 ⇨
15. 冷氣 ⇨
16. 孫子 ⇨
17. 料金 ⇨
18. 學級 ⇨
19. 氷雪 ⇨
20. 公正 ⇨
21. 醫院 ⇨
22. 科目 ⇨
23. 選手 ⇨
24. 今年 ⇨
25. 用件 ⇨
26. 自動 ⇨
27. 農牛 ⇨
28. 童話 ⇨
29. 首都 ⇨
30. 便利 ⇨
31. 擧國 ⇨
32. 會社 ⇨

33. 救國 ⇨

34. 讀書 ⇨

35. 可能 ⇨

36. 美術 ⇨

37. 度量 ⇨

38. 道路 ⇨

39. 英雄 ⇨

40. 前後 ⇨

41. 倍加 ⇨

42. 時間 ⇨

43. 船室 ⇨

44. 祖上 ⇨

45. 量産 ⇨

46. 秋夕 ⇨

47. 停止 ⇨

48. 立春 ⇨

49. 法則 ⇨

50. 漁夫 ⇨

◎ 다음 漢字(한자)의 訓(훈)과 音(음)을 쓰세요. (51~90)

〈보기〉 字 → 글자자

51. 建 ⇨

52. 效 ⇨

53. 期 ⇨

54. 德 ⇨

55. 汽 ⇨

56. 質 ⇨

57. 規 ⇨

58. 養 ⇨

59. 島 ⇨

60. 福 ⇨

61. 橋 ⇨

62. 類 ⇨

63. 擧 ⇨

64. 勞 ⇨

65. 輕 ⇨

66. 基 ⇨

67. 案 ⇨

68. 舊 ⇨

69. 培 ⇨

70. 色 ⇨

71. 黑 ⇨

72. 黃 ⇨

73. 善 ⇨

74. 定 ⇨

75. 魚 ⇨

76. 特 ⇨

77. 氷 ⇨

78. 親 ⇨

79. 令 ⇨

80. 新 ⇨

81. 再 ⇨

82. 表 ⇨

83. 馬 ⇨

84. 答 ⇨

85. 敗 ⇨

86. 飮 ⇨

87. 無 ⇨

88. 意 ⇨

89. 領 ⇨

90. 書 ⇨

다음 밑줄 친 말에 알맞은 漢字語(한자어)를 (　)안에 쓰세요. (91~110)

91. 현재(　　　　　　　)의 일에 충실해라!

92. 백번(　　　　　　　)이나 생각을 해 봤다.

93. 역도(　　　　　　　)는 참 힘든 운동이다.

94. 매일 운동(　　　　　　　)해서 몸도 튼튼 마음도 튼튼.

95. 벌써 내일이 개학(　　　　　　　)이다.

96. 부러진 손잡이를 강력(　　　　　　　)접착제로 붙였다.

97. 이번 급수(　　　　　　　) 한자 시험에는 꼭 합격해야지!

98. 운동은 삶에 활력(　　　　　　　)을 준다.

99. 이것은 생일 선물로 받은 시계(　　　　　　　)이다.

100. 공평(　　　　　　　)하게 나누어야 불만이 없다.

101. 금년(　　　　　　　)에는 분명히 좋은 일이 일어 날거야!

102. 문명(　　　　　　　)은 보통 큰 강을 끼고 발생하였다.

103. 동생이 초등학교에 입학(　　　　　　　)하였습니다.

104. 4월 5일은 식목(　　　　　　　)일이다.

105. 처음에는 낯설지만 도로(　　　　　　　)명 주소가 더 편리하다.

106. 한문을 많이 알면 국어(　　　　　　　)공부에도 도움이 된다.

107. 예전에는 공중전화(　　　　　　　)를 많이 이용하였다.

108. 그 일로 그는 유명(　　　　　　　)해졌다.

109. 내일은 내일(　　　　　　　)의 해가 뜬다.

110. 소설의 줄거리는 기억나는데 제목(   )이 기억나지 않았다.

다음 글의 뜻에 맞는 漢字語(한자어)를 보기에서 고르세요. (111~115)

〈보기〉 ① 祝歌 ② 原始 ③ 序文 ④ 改名 ⑤ 重量

111. 머리말

112. 축하의 뜻을 담은 노래

113. 이름을 바꿈

114. 무게

115. 처음 그대로 아직 발달하지 않은 상태

다음 漢字(한자) 중 비슷한 뜻의 漢字(한자)를 고르세요.(116~120)

116. 建 (   ) 1)賣 2)無 3)立 4)倍

117. 規 (   ) 1)法 2)買 3)鼻 4)費

118. 淡 (   ) 1)寫 2)查 3)賞 4)話

119. 序 (   ) 1)屋 2)番 3)要 4)曜

120. 完 (   ) 1)浴 2)全 3)貯 4)赤

다음 漢字의 相對語(상대어) 또는 反意語(반의어)를 고르세요.(121~125)

121. 爭 (　　　) 1)和　2)利　3)理　4)里

122. 熱 (　　　) 1)主　2)念　3)獨　4)冷

123. 敗 (　　　) 1)勝　2)速　3)發　4)參

124. 善 (　　　) 1)材　2)到　3)惡　4)結

125. 輕 (　　　) 1)流　2)重　3)光　4)關

다음 빈 칸에 알맞은 漢字(한자)를 보기에서 고르세요.(126~130)

〈보기〉 ① 氷　② 耳　③ 給　④ 災　⑤ 落

126. 自 (　　　)自足

127. (　　　)心千萬

128. 馬(　　　)東風

129. (　　　)山一角

130. 天(　　　)地變

다음 漢子(한자)의 필순을 알아보세요. (136~140)

136. 件(물건 건)자에서 화살표가 있는 획은 몇 번째로 쓰나요?

137. 善 (착할 선)자에서 화살표가 있는 획은 몇 번째로 쓰나요?

138 . 馬 (말 마)자에서 화살표가 있는 획은 몇 번째로 쓰나요?

139. 案 (책상 안)자에서 화살표가 있는 획은 몇 번째로 쓰나요?

140 . 曜 (빛날 요)자에서 화살표가 있는 획은 몇 번째로 쓰나요?

다음 漢字(한자)의 略字(약자)를 쓰세요.(141~145)

141. 擧 ➩

142. 寫 ➩

143. 爭 ➩

144. 鐵 ➩

145. 輕 ➩

부록

유의어

상대어 · 반의어

일자다음어, 사자성어

약자, 혼동하기쉬운 한자

8급, 7급, 6급, 5급

?!?!

유의어 학습

◉ 다음 유의어를 읽고, 바르게 따라 써 보세요.

家屋	家(집 가) 屋(집 옥)	사람이 사는 집	家屋
家宅	家(집 가) 宅(집 택)	사람이 사는 집	家宅
競爭	競(다툴 경) 爭(다툴 쟁)	서로 겨루어 봄	競爭
計算	計(계산할 계) 算(계산할 산)	수량을 셈, 값을 치름	計算
過去	過(지날 과) 去(갈 거)	지나간 때, 지난 날	過去
過失	過(지날 과) 失(잃을 실)	잘못이나 허물	過失
果實	果(과실 과) 實(열매 실)	열매, 먹을 수 있는 나무의 열매	果實
敎訓	敎(가르칠 교) 訓(가르칠 훈)	가르치고 깨우침	敎訓
規則	規(법 규) 則(법칙 칙)	지켜야 할 규칙	規則
根本	根(뿌리 근) 本(근본 본)	초목의 뿌리, 사물이 생겨나는 기본	根本
技術	技(재주 기) 術(재주 술)	어떤 일을 정확하고 능숙하게 하는 솜씨	技術
談話	談(말씀 담) 話(말씀 화)	허물없이 이야기를 나눔	談話
到着	到(이를 도) 着(붙을 착)	목적지에 다다름	到着
道路	道(길 도) 路(길 로)	사람, 차 등이 다닐 수 있게 만든 넓은 길	道路
圖畵	圖(그림 도) 畵(그림 화)	도면과 그림, 그림 그리기	圖畵
文章	文(글월 문) 章(글 장)	글, 문장가	文章

◉ 다음 유의어를 읽고, 바르게 따라 써 보세요.

漢字	훈음	뜻	따라 쓰기
法式	法(법 법) 式(법 식)	법도와 양식, 의식 등의 규칙	法式
法典	法(법 법) 典(법 전)	어떤 법규를 체계적으로 엮은 책	法典
兵士	兵(병사 병) 士(선비 사)	군사	兵士
兵卒	兵(병사 병) 卒(마칠 졸)	군사	兵卒
思考	思(생각 사) 考(생각할 고)	생각하고 궁리함	思考
思念	思(생각 사) 念(생각 념)	마음 속으로 생각함	思念
生産	生(날 생) 産(낳을 산)	인간 생활에 필요한 물품을 만듬	生産
生活	生(날 생) 活(살 활)	사람이나 동물이 일정한 환경에서 활동하며 살아감	生活
樹木	樹(나무 수) 木(나무 목)	살아 있는 나무	樹木
始初	始(비로소 시) 初(처음 초)	맨 처음	始初
身體	身(몸 신) 體(몸 체)	사람의 몸	身體
心情	心(마음 심) 情(뜻 정)	마음 속에 품은 생각과 감정	心情
言語	言(말씀 언) 語(말씀 어)	생각과 느낌을 음성이나 문자로 전달하는 수단	言語
年歲	年(해 년) 歲(해 세)	어른의 나이를 높여 부르는 말	年歲
永遠	永(길 영) 遠(멀 원)	끝없는 세월	永遠
完全	完(완전할 완) 全(온전할 전)	부족함이나 흠이 없음	完全

◉ 다음 유의어를 읽고, 바르게 따라 써 보세요.

偉大	偉(클 위) 大(큰 대)	매우 뛰어나고 훌륭함	偉大
衣服	衣(옷 의) 服(옷 복)	옷	衣服
意思	意(뜻 의) 思(생각 사)	생각이나 마음	意思
戰爭	戰(싸울 전) 爭(다툴 쟁)	서로 무력을 써서 하는 싸움	戰爭
停止	停(머무를 정) 止(그칠 지)	중도에서 멈추거나 그침	停止
正直	正(바를 정) 直(곧을 직)	마음에 거짓이나 꾸밈이 없이 바르고 곧음	正直
終末	終(마칠 종) 末(끝 말)	계속되어 온 일의 끝	終末
知識	知(알 지) 識(알 식)	알고 있는 내용	知識
質問	質(바탕 질) 問(물을 문)	모르는 것이나 의심나는 것을 물음	質問
靑綠	靑(푸를 청) 綠(푸를 록)	푸른 빛을 띤 녹색	靑綠
土地	土(흙 토) 地(땅 지)	사람의 생활과 활동에 이용하는 땅	土地
河川	河(물 하) 川(내 천)	시내, 강	河川
學習	學(배울 학) 習(익힐 습)	배우고 익힘	學習
寒冷	寒(찰 한) 冷(찰 랭)	매우 추움	寒冷
海洋	海(바다 해) 洋(큰바다 양)	넓고 큰 바다	海洋
幸福	幸(다행 행) 福(복 복)	만족하여 부족함이나 불만이 없는 상태	幸福

◉ 다음 유의자를 읽고, 바르게 따라 써 보세요.

家	家(집 가)	家	堂	堂(집 당)	堂
建	建(세울 건)	建	立	立(설 립)	立
古	古(옛 고)	古	舊	舊(예 구)	舊
光	光(빛 광)	光	色	色(빛 색)	色
己	己(몸 기)	己	身	身(몸 신)	身
童	童(아이 동)	童	兒	兒(아이 아)	兒
頭	頭(머리 두)	頭	首	首(머리 수)	首
歷	歷(지날 력)	歷	過	過(지날 과)	過
練	練(익힐 련)	練	習	習(익힐 습)	習
里	里(마을 리)	里	村	村(마을 촌)	村
法	法(법 법)	法	典	典(법 전)	典
三	三(석 삼)	三	參	參(석 삼)	參
書	書(책/글 서)	書	文	文(글월 문)	文
先	先(먼저 선)	先	前	前(앞 전)	前
養	養(기를 양)	養	育	育(기를 육)	育
午	午(낮 오)	午	晝	晝(낮 주)	晝

상대어 · 반의어 학습

◉ 다음 상대 · 반의어를 읽고, 바르게 따라 써 보세요.

강 강	江	⟷	山	뫼 산	강과 산	江山
강할 강	强	⟷	弱	약할 약	강함과 약함	强弱
갈 거	去	⟷	來	올 래	사고 파는 일	去來
가벼울 경	輕	⟷	重	무거울 중	가벼움과 무거움	輕重
쓸 고	苦	⟷	樂	즐거울 락	괴로움과 즐거움	苦樂
굽을 곡	曲	⟷	直	곧을 직	굽음과 곧음	曲直
공 공	功	⟷	過	지날 과	공로와 과실	功過
가르칠 교	敎	⟷	學	배울 학	가르치고 배우는 일	敎學
길할 길	吉	⟷	凶	흉할 흉	길함과 흉함	吉凶
사내 남	男	⟷	女	계집 녀	남자와 여자	男女
남녘 남	南	⟷	北	북녘 북	남과 북	南北
안 내	內	⟷	外	바깥 외	안과 밖	內外
일할 로	勞	⟷	使	부릴 사	노동자와 사용자	勞使

◉ 다음 상대 · 반의어를 읽고, 바르게 따라 써 보세요.

훈음	한자		한자	훈음	뜻	따라 쓰기
늙을 로	老	⟷	少	젊을 소	늙음과 젊음	老少
많을 다	多	⟷	少	적을 소	많음과 적음	多少
마땅 당	當	⟷	落	떨어질 락	붙음과 떨어짐	當落
큰 대	大	⟷	小	작을 소	크고 작음	大小
동녘 동	東	⟷	西	서녘 서	동과 서	東西
팔 매	賣	⟷	買	살 매	팔고 삼	賣買
물을 문	問	⟷	答	대답할 답	물음과 대답	問答
근본 본	本	⟷	末	끝 말	처음과 끝	本末
죽을 사	死	⟷	活	살 활	삶과 죽음	死活
뫼 산	山	⟷	川	내 천	산과 내	山川
뫼 산	山	⟷	河	물 하	산과 큰 내	山河
윗 상	上	⟷	下	아래 하	위와 아래	上下
날 생	生	⟷	死	죽을 사	삶과 죽음	生死

상대어 · 반의어 학습

◉ 다음 상대 · 반의어를 읽고, 바르게 따라 써 보세요.

착할 선	善	⟷	惡	악할 악	착함과 악함	善惡
먼저 선	先	⟷	後	뒤 후	앞 뒤, 먼저와 나중	先後
이룰 성	成	⟷	敗	패할 패	일의 성공과 실패	成敗
손 수	手	⟷	足	발 족	손과 발	手足
이길 승	勝	⟷	敗	패할 패	이김과 짐	勝敗
비로소 시	始	⟷	終	마칠 종	처음과 끝	始終
새 신	新	⟷	舊	예 구	새 것과 헌 것	新舊
마음 심	心	⟷	身	몸 신	마음과 몸	心身
말씀 언	言	⟷	行	행할 행	말과 행동	言行
따뜻할 온	溫	⟷	冷	찰 랭	따뜻함과 참	溫冷
뭍 육	陸	⟷	海	바다 해	육지와 바다	陸海
멀 원	遠	⟷	近	가까울 근	멀고 가까움	遠近
이로울 리	利	⟷	害	해할 해	이익과 손해	利害

◉ 다음 상대 · 반의어를 읽고, 바르게 따라 써 보세요.

훈음	한자		한자	훈음	뜻	따라 쓰기
인할 인	因	⟷	果	과실 과	원인과 결과	因果
스스로 자	自	⟷	他	다를 타	자기와 남	自他
길 장	長	⟷	短	짧을 단	길고 짧음	長短
앞 전	前	⟷	後	뒤 후	앞과 뒤	前後
아침 조	朝	⟷	夕	저녁 석	아침과 저녁	朝夕
할아버지 조	祖	⟷	孫	손자 손	할아버지와 손자	祖孫
왼 좌	左	⟷	右	오른 우	왼쪽과 오른쪽	左右
주인 주	主	⟷	客	손 객	주인과 손님	主客
낮 주	晝	⟷	夜	밤 야	낮과 밤	晝夜
하늘 천	天	⟷	地	땅 지	하늘과 땅	天地
봄 춘	春	⟷	秋	가을 추	봄과 가을	春秋
나갈 출	出	⟷	入	들어갈 입	나가고 들어옴	出入
형 형	兄	⟷	弟	아우 제	형과 아우	兄弟

일자다음어 학습

⊙ 하나의 한자에 여러 가지 소리가 나는 한자를 학습해 보세요.

한자	훈음	낱말
車	수레 거	自轉車 (자전거)
	수레 차	自動車 (자동차)
金	쇠 금	金曜日 (금요일)
	성 김	金氏 (김씨)
省	덜 생	省略 (생략)
	살필 성	反省 (반성)
便	편할 편	便利 (편리)
	똥오줌 변	便所 (변소)
行	다닐 행	行動 (행동)
	항렬 항	行列 (항렬)
北	북녘 북	南北 (남북)
	달아날 배	敗北 (패배)
畫	그림 화	畫家 (화가)
	그을 획	區畫(劃) (구획)
切	끊을 절	親切 (친절)
	온통 체	一切 (일체)
度	법도 도	法度 (법도)
	헤아릴 탁	度量 (탁량)
惡	악할 악	善惡 (선악)
	미워할 오	憎惡 (증오)

洞	고을 동	洞里 (동리)
	밝을 통	洞察 (통찰)

讀	읽을 독	讀書 (독서)
	구절 두	句讀 (구두)

宿	잘 숙	宿所 (숙소)
	별자리 수	星宿 (성수)

識	알 식	知識 (지식)
	기록할 지	標識 (표지)

參	석 삼	參億 (삼억)
	참여할 참	參席 (참석)

則	법칙 칙	法則 (법칙)
	곧 즉	然則 (연즉)

宅	집 택	家宅 (가택)
	집 댁	宅內 (댁내)

說	말씀 설	說明 (설명)
	기쁠 열	說樂 (열락)
	달랠 세	說客 (세객)

樂	즐거울 락	樂園 (낙원)
	좋아할 요	樂山樂水(요산요수)
	음악 악	音樂 (음악)

사자성어 학습

◉ 다음 한자를 읽고, 따라 써 보세요.

見	物	生	心	見	物	生	心
볼 견	물건 물	날 생	마음 심				

어떤 물건을 보았을 때 욕심이 생기는 것을 말함.

交	友	以	信	交	友	以	信
사귈 교	벗 우	써 이	믿을 신				

세속오계의 하나로 벗은 믿음으로써 사귀어야 함을 이름.

九	死	一	生	九	死	一	生
아홉 구	죽을 사	한 일	날 생				

죽을 고비를 여러 차례 넘기고 겨우 살아남.

東	問	西	答	東	問	西	答
동녘 동	물을 문	서녘 서	대답할 답				

동쪽을 물으니 서쪽을 답한다는 뜻으로 물음에 대하여 엉뚱한 답을 함.

馬	耳	東	風	馬	耳	東	風
말 마	귀 이	동녘 동	바람 풍				

남의 말을 전혀 귀담아 듣지 않음을 비유한 말.

門	前	成	市	門	前	成	市
문 문	앞 전	이룰 성	시장 시				

문 앞이 시장처럼 사람들로 가득 참.

⊙ 다음 한자를 읽고, 따라 써 보세요.

百 面 書 生
일백 백 낯 면 글 서 날 생

글만 읽어 세상 물정을 모름.

百 發 百 中
일백 백 필 발 일백 백 가운데 중

백 번 쏘아 백 번 다 맞힘.

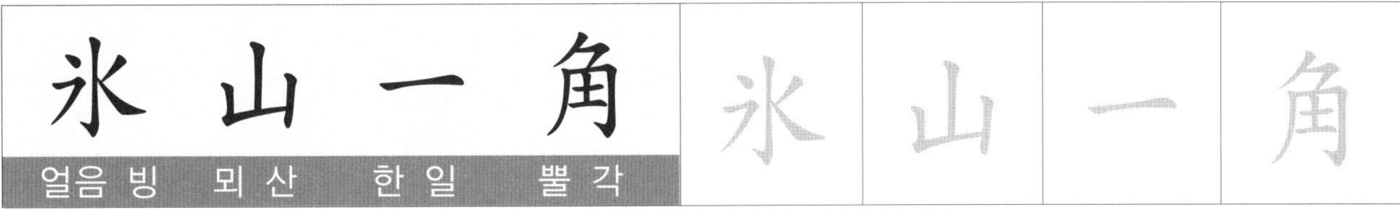
氷 山 一 角
얼음 빙 뫼 산 한 일 뿔 각

아주 많은 것 중의 조그마한 것을 뜻함.

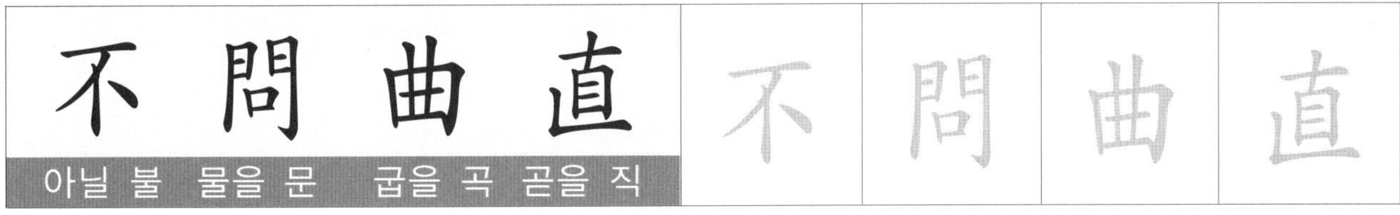
不 問 曲 直
아닐 불 물을 문 굽을 곡 곧을 직

옳고 그른 것을 묻지 않음.

身 土 不 二
몸 신 흙 토 아니 불 두 이

몸과 흙은 둘이 아님. 즉 자기가 사는 땅에서 나는 산물이 자기 몸에 맞음.

耳 目 口 鼻
귀 이 눈 목 입 구 코 비

귀, 눈, 입, 코를 통틀어 이르는 말. 얼굴 생김새를 말함.

사자성어 학습

◉ 다음 한자를 읽고, 따라 써 보세요.

以	心	傳	心	以	心	傳	心
써 이	마음 심	전할 전	마음 심				

마음과 마음으로 뜻을 전함.

人	命	在	天	人	命	在	天
사람 인	목숨 명	있을 재	하늘 천				

사람의 목숨은 하늘에 달려 있음.

作 心 三 日
지을 작 마음 심 석 삼 날 일
作 心 三 日

마음 먹은 일이 삼 일을 가지 못함.

草 綠 同 色
풀 초 푸를 록 같을 동 빛 색
草 綠 同 色

서로 같은 위치, 같은 류의 사람들이 함께 행동함.

他	山	之	石	他	山	之	石
다를 타	뫼 산	어조사 지	돌 석				

다른 사람의 하찮은 언행도 자신의 인격과 지식을 쌓는데 도움이 됨.

百	戰	百	勝	百	戰	百	勝
일백 백	싸울 전	일백 백	이길 승				

백 번 싸워 백 번 모두 이김. 싸울 때마다 승리함을 뜻함.

⊙ 다음 한자를 읽고, 따라 써 보세요.

父	傳	子	傳	父	傳	子	傳
아비 부	전할 전	아들 자	전할 전				

대대로 아버지가 아들에게 전함.

不	問	可	知	不	問	可	知
아닐 불	물을 문	옳을 가	알 지				

묻지 않아도 알 수 있는 당연한 일을 말함.

不	遠	千	里	不	遠	千	里
아닐 불	멀 원	일천 천	마을 리				

천리 길도 멀다하지 않고 찾아 옴.

漁	父	之	利	漁	父	之	利
고기잡을 어	아비 부	어조사 지	이로울 리				

조개와 새가 다투고 있는 동안 어부가 둘 모두를 잡아 감. 즉 제 3자가 취하는 이익을 비유하여 이르는 말.

약자학습

◉ 다음 한자의 약자를 써 보세요.

價	価	값 가	擧	挙	들 거
輕	軽	가벼울 경	觀	観	볼 관
關	関	관계할 관	廣	広	넓을 광
區	区	구역 구	舊	旧	예 구
國	国	나라 국	氣	気	기운 기
團	団	둥글 단	當	当	마땅 당
對	対	대할 대	圖	図	그림 도

◉ 다음 한자의 약자를 써 보세요.

정자	약자	훈음	따라 쓰기	쓰기
獨	独	홀로 독	独	
讀	読	읽을 독	読	
樂	楽	즐거울 락/음악 악/ 좋아할 요	楽	
來	来	올 래	来	
禮	礼	예도 례/예	礼	
勞	労	일할 로	労	
萬	万	일만 만	万	
賣	売	팔 매	売	
發	発	필 발	発	
變	変	변할 변	変	
寫	写	베낄 사	写	
數	数	셀 수	数	
實	実	열매 실	実	
兒	児	아이 아	児	

약자학습

◉ 다음 한자의 약자를 써 보세요.

한자	약자	훈음
藥	薬	약 약
惡	悪	악할 악
醫	医	의원 의
爭	争	다툴 쟁
傳	伝	전할 전
戰	戦	싸울 전
參	参	석 삼, 참여할 참
鐵	鉄	쇠 철
體	体	몸 체
號	号	부를 호
畫	画	그림 화
學	学	배울 학
會	会	모일 회

혼동하기 쉬운 한자

可	옳을 가	河	물 하				
開	열 개	間	사이 간	聞	들을 문	問	물을 문
各	각각 각	名	이름 명	夕	저녁 석	冬	겨울 동
結	맺을 결	約	맺을 약	終	마칠 종		
考	생각할 고	老	늙을 로				
水	물 수	氷	얼음 빙	永	길 영		
席	자리 석	度	법도 도				
晝	낮 주	書	글 서	畵	그림 화		
屋	집 옥	室	집 실				
右	오른쪽 우	石	돌 석				
科	과목 과	料	헤아릴 료				
廣	넓을 광	黃	누를 황				
敎	가르칠 교	效	본받을 효				
救	구원할 구	球	공 구				
現	나타날 현	規	법 규				
午	낮 오	牛	소 우				

혼동하기 쉬운 한자

園	동산 원	團	둥글 단	圖	그림 도		
到	이를 도	致	이를 치				
同	같을 동	洞	고을 동				
待	기다릴 대	特	특별할 특				
種	씨 종	重	무거울 중				
分	나눌 분	今	이제 금				
姓	성 성	性	성품 성				
陽	볕 양	場	마당 장				
任	맡길 임	仕	섬길 사				
第	차례 제	弟	아우 제				
族	겨레 족	旅	나그네 려				
責	꾸짖을 책	貴	귀할 귀				
話	말씀 화	活	살 활				
花	꽃 화	化	될 화				
百	일백 백	白	흰 백				

8급 한자 복습

월 일 확인:

필순에 따라 한자를 써 보세요.

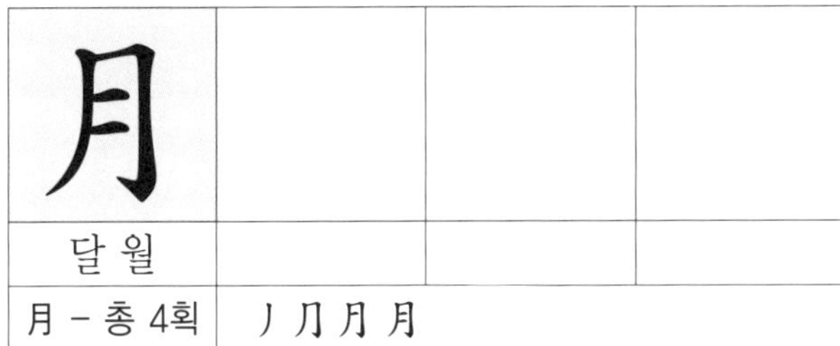

月
달 월
月 - 총 4획 丿 刀 月 月

· 月出(월출), 月末(월말)

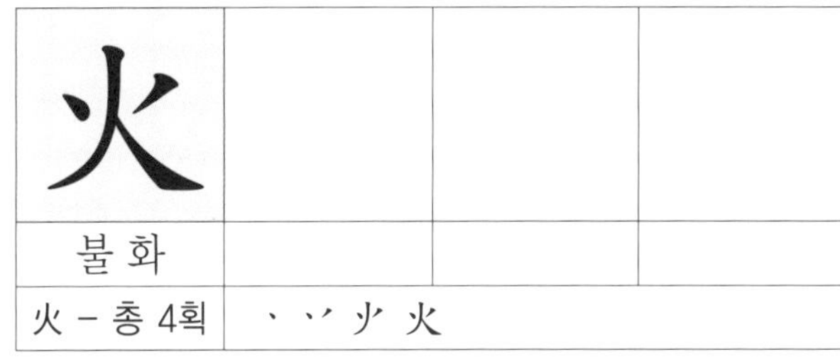

火
불 화
火 - 총 4획 丶 丷 少 火

· 火山(화산), 火災(화재)

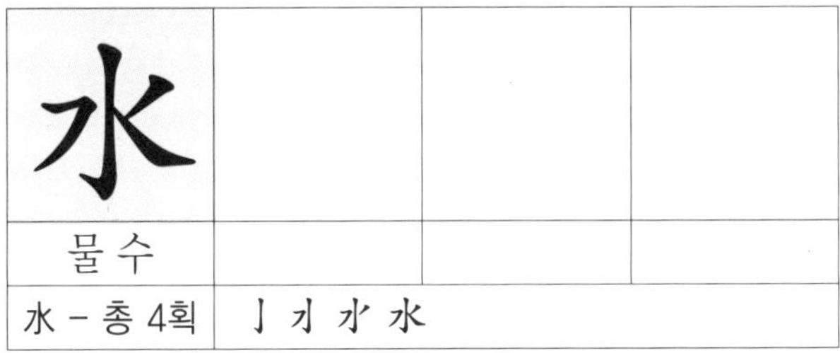

水
물 수
水 - 총 4획 亅 刁 水 水

· 水道(수도), 水軍(수군)

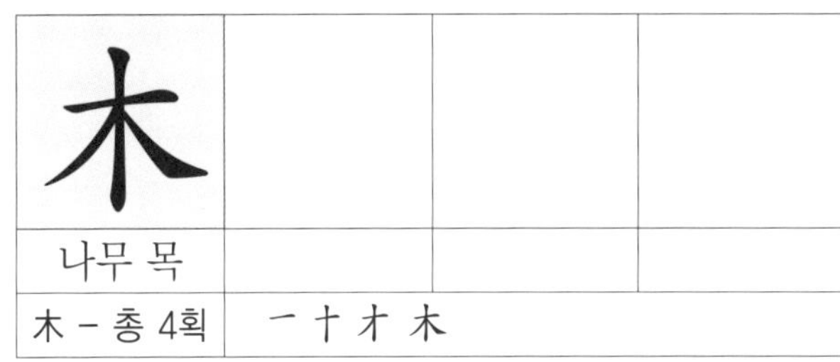

木
나무 목
木 - 총 4획 一 十 才 木

· 木材(목재), 木手(목수)

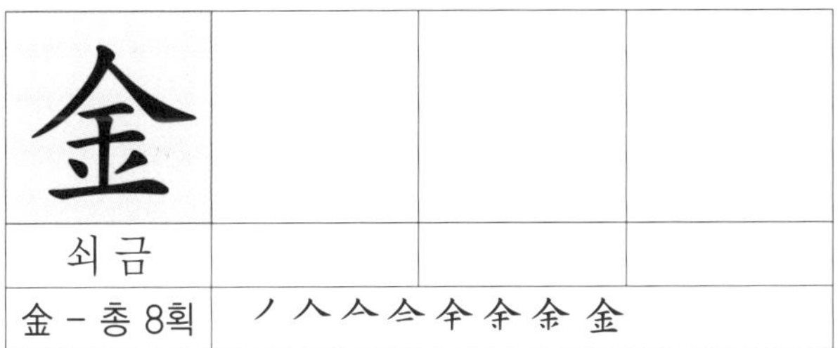

金
쇠 금
金 - 총 8획 丿 人 亼 今 全 金 金 金

· 年金(연금)

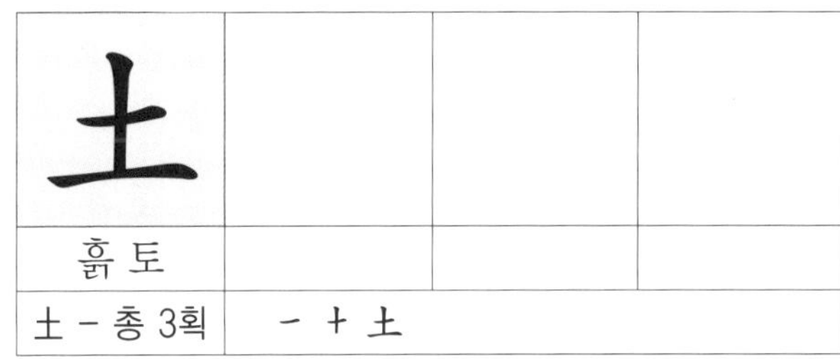

土
흙 토
土 - 총 3획 一 十 土

· 土木(토목), 土地(토지)

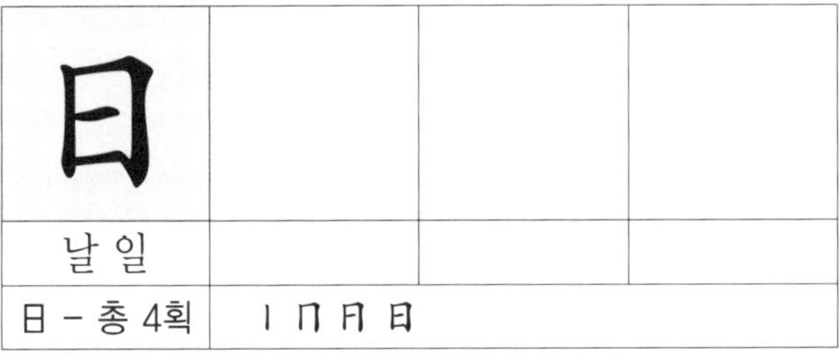

日
날 일
日 - 총 4획 丨 冂 日 日

· 日記(일기), 日出(일출)

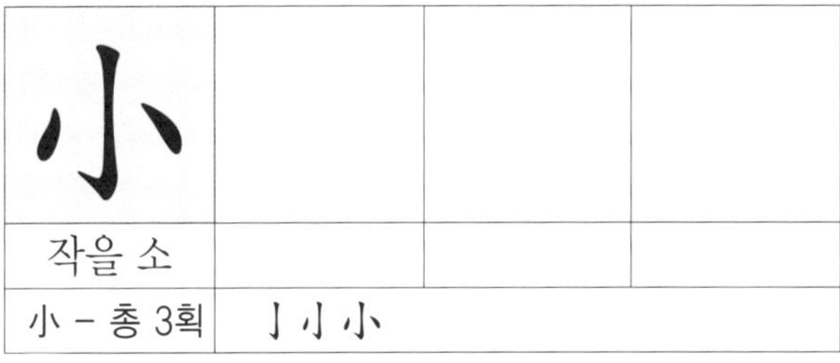

小
작을 소
小 - 총 3획 亅 小 小

상대 · 반의어 : 大(큰 대)

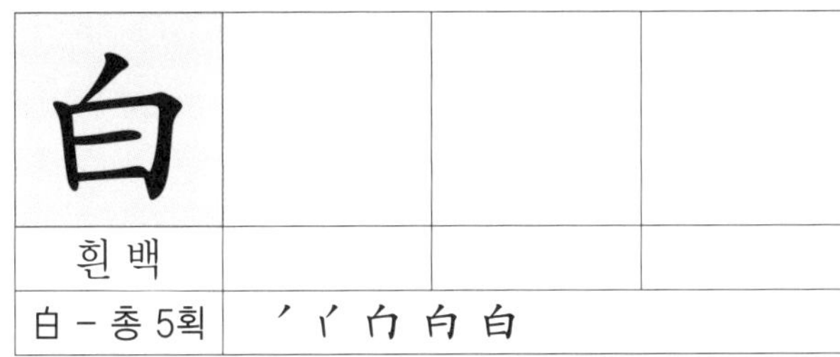

白
흰 백
白 - 총 5획 丿 亻 白 白 白

동음이의어 : 百(일백 백)

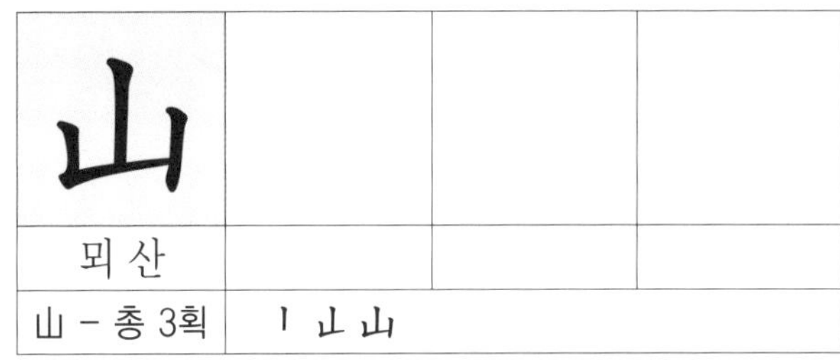

山
뫼 산
山 - 총 3획 丨 山 山

· 山林(산림), 山水(산수)

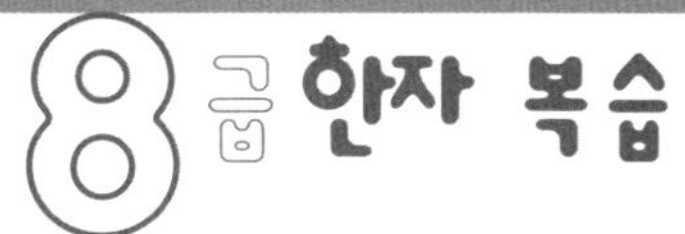
8급 한자 복습

월 일 확인:

필순에 따라 한자를 써 보세요.

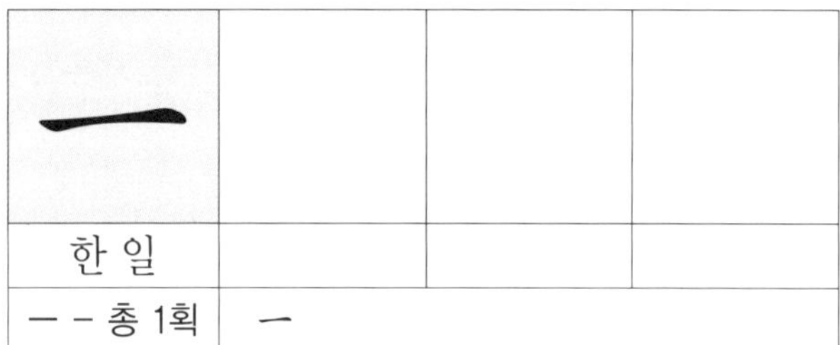
一
한 일
一 - 총 1획
一

· 一年(일년), 一生(일생)

二
두 이
二 - 총 2획
一 二

· 二十(이십), 二世(이세)

三
석 삼
一 - 총 3획
一 二 三

· 三寸(삼촌), 三國(삼국)

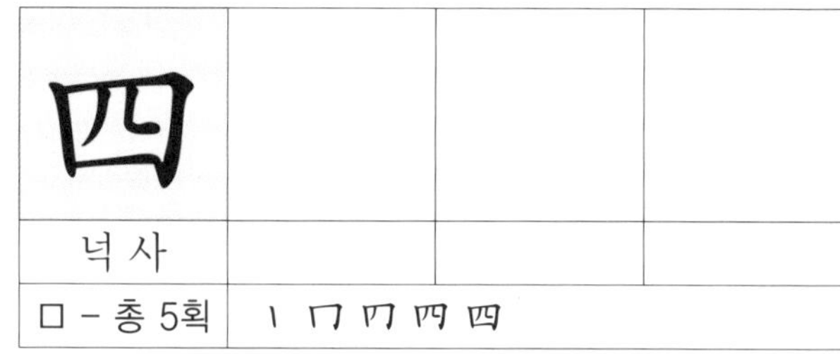
四
넉 사
口 - 총 5획
丨 冂 冋 四 四

· 四方(사방), 四寸(사촌)

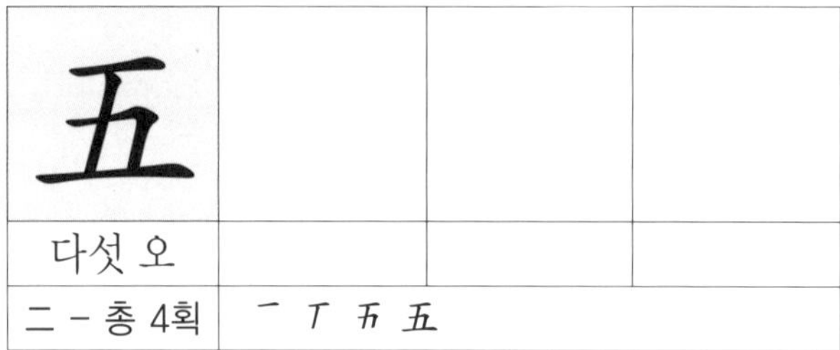
五
다섯 오
二 - 총 4획
一 丅 万 五

· 五感(오감), 五行(오행)

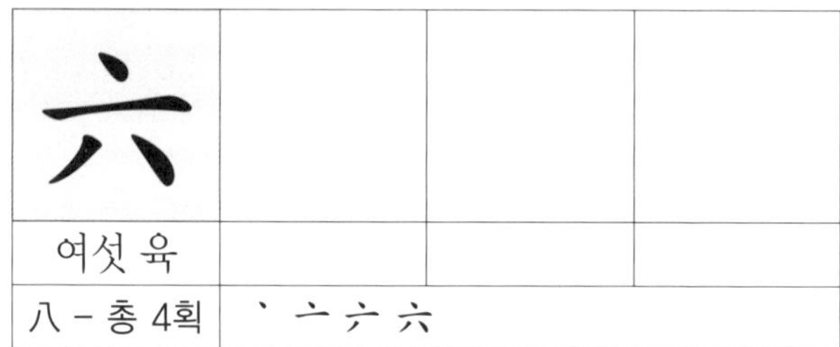
六
여섯 육
八 - 총 4획
丶 亠 六 六

· 六感(육감), 六月(유월)

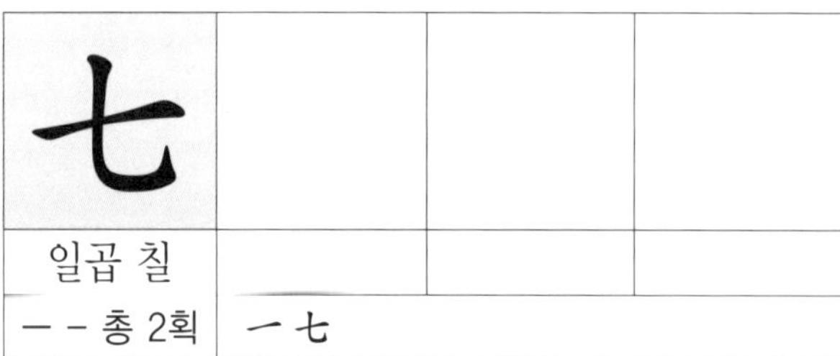
七
일곱 칠
一 - 총 2획
一 七

· 七夕(칠석)

八
여덟 팔
八 - 총 2획
丿 八

· 八道(팔도), 八月(팔월)

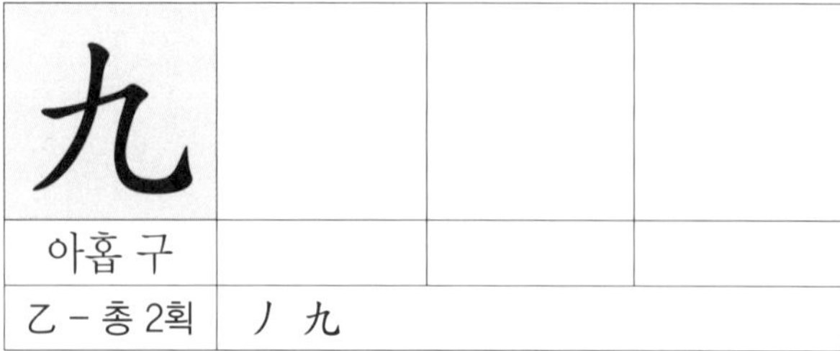
九
아홉 구
乙 - 총 2획
丿 九

· 九死一生(구사일생)

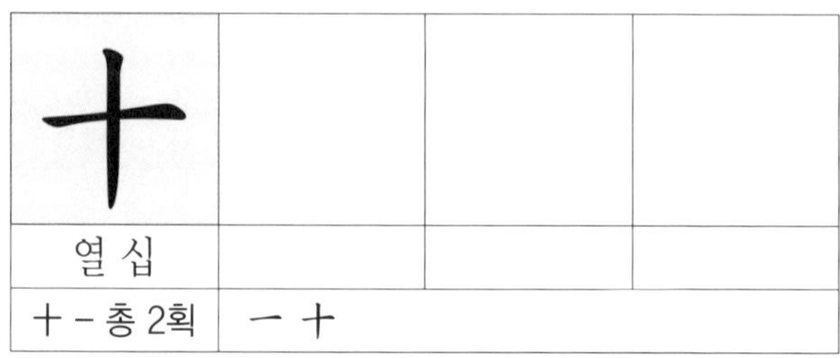
十
열 십
十 - 총 2획
一 十

· 十月(시월), 十中八九(십중팔구)

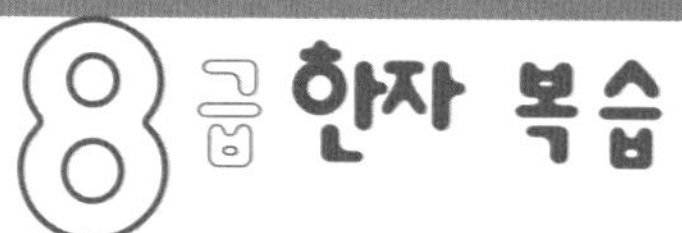
8급 한자 복습

필순에 따라 한자를 써 보세요.

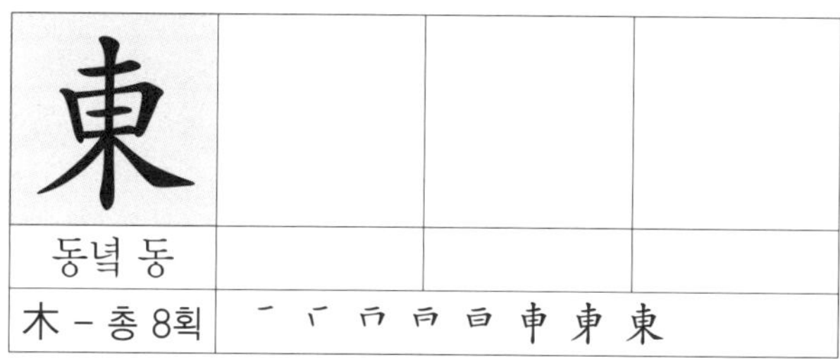
東
동녘 동
木 - 총 8획

· 東海(동해), 東大門(동대문)

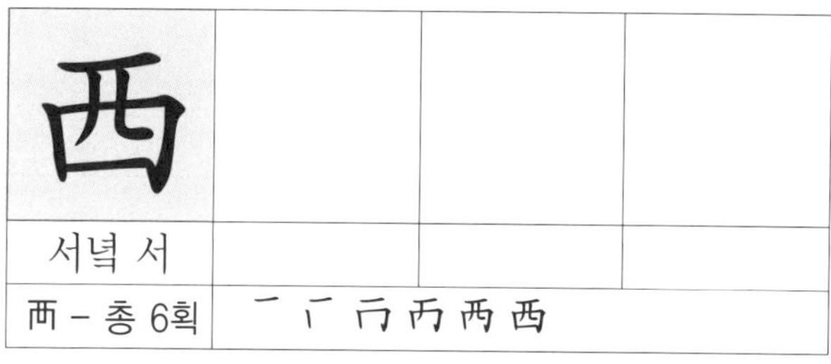
西
서녘 서
西 - 총 6획

· 西洋(서양), 西山(서산)

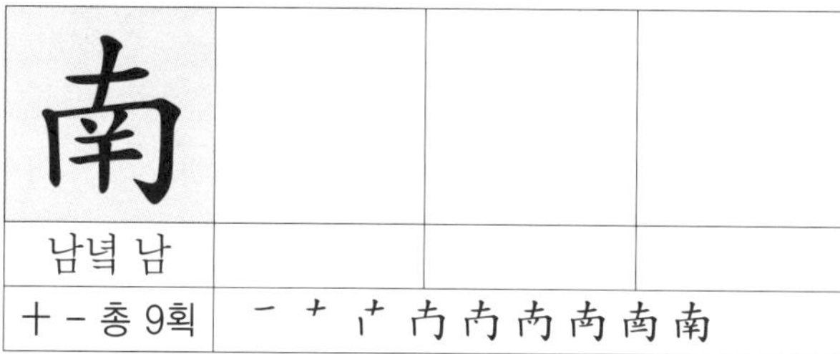
南
남녘 남
十 - 총 9획

상대 · 반의어 : 北(북녘 북)

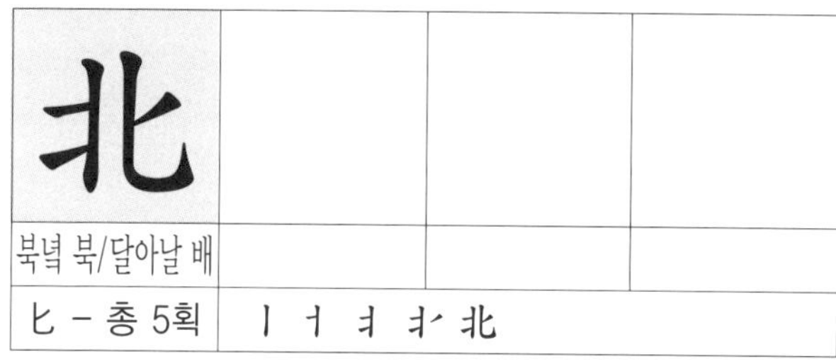
北
북녘 북/달아날 배
匕 - 총 5획

상대 · 반의어 : 南(남녘 남)

大
큰 대
大 - 총 3획
一ナ大

상대 · 반의어 : 小(작을 소)

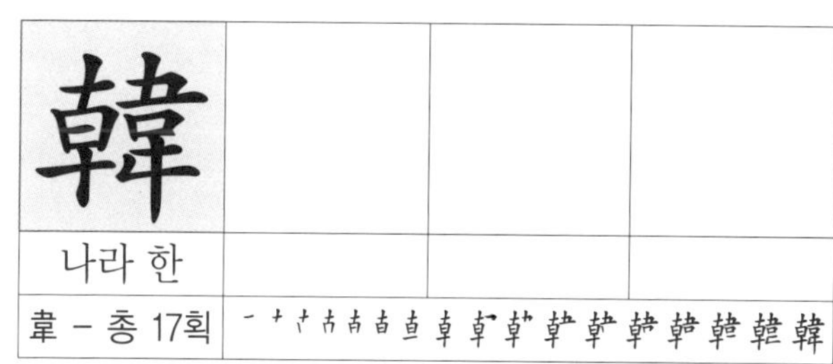
韓
나라 한
韋 - 총 17획

· 韓國(한국)

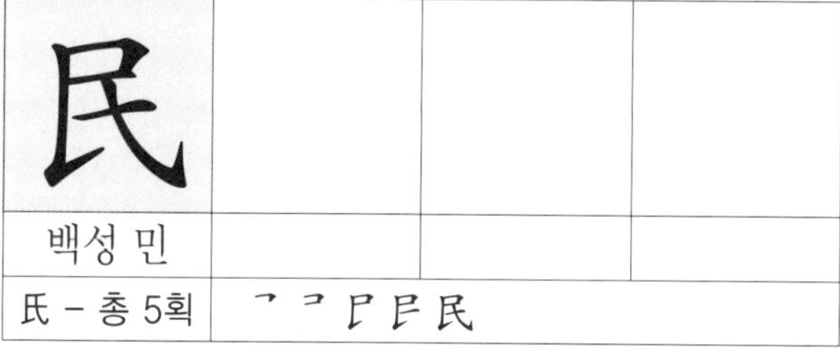
民
백성 민
氏 - 총 5획

· 民主(민주), 民心(민심)

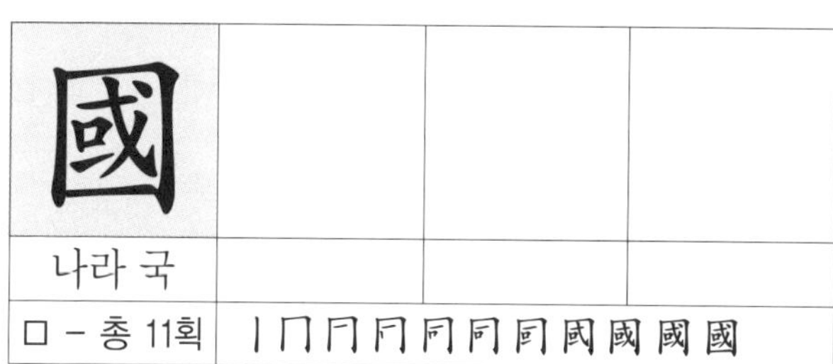
國
나라 국
口 - 총 11획

· 國民(국민), 國家(국가)

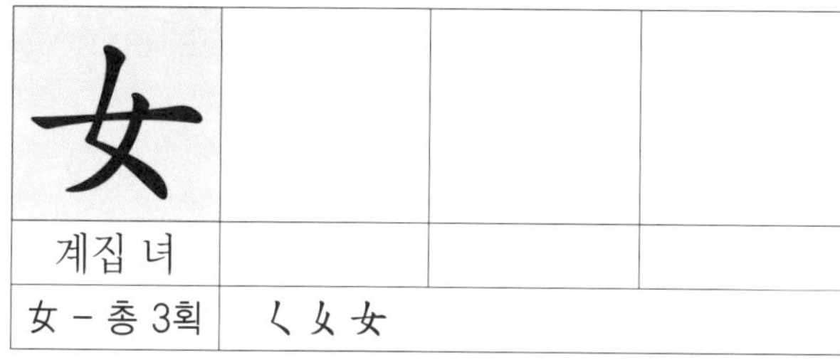
女
계집 녀
女 - 총 3획

· 女王(여왕), 女軍(여군)

軍

군사 군

車 - 총 9획

· 軍人(군인), 軍歌(군가)

월 일 확인:

필순에 따라 한자를 써 보세요.

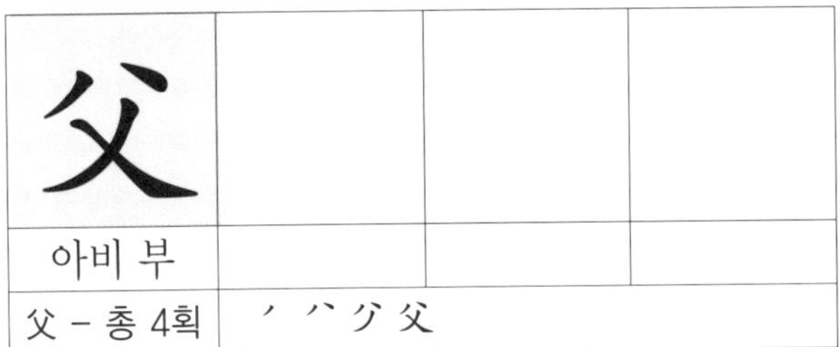
父
아비 부
父 – 총 4획

· 父母(부모), 父子(부자)

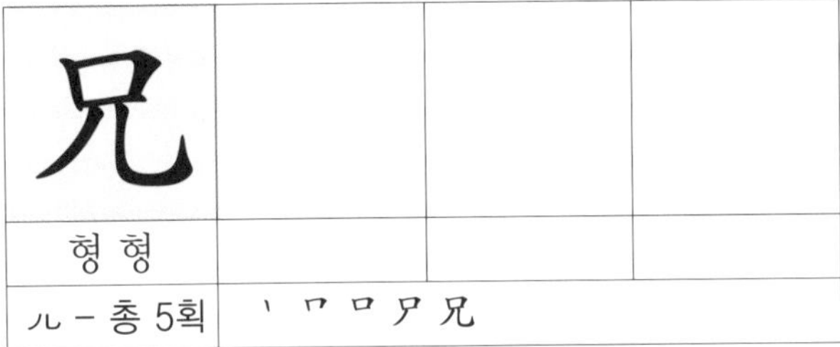
兄
형 형
儿 – 총 5획

· 兄弟(형제), 兄夫(형부)

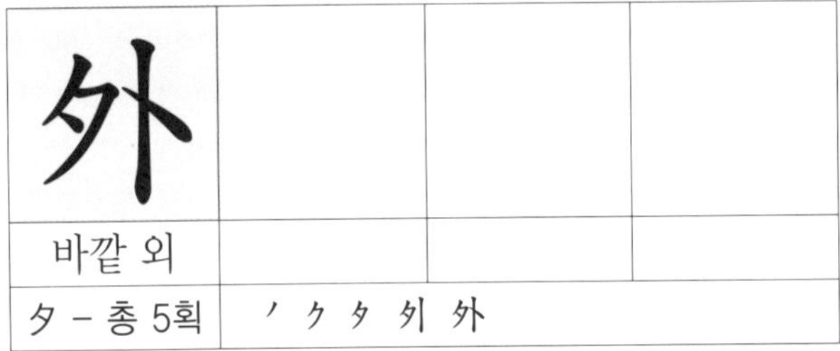
外
바깥 외
夕 – 총 5획

· 外國(외국)

· 상대 · 반의어 : 內(안 내)

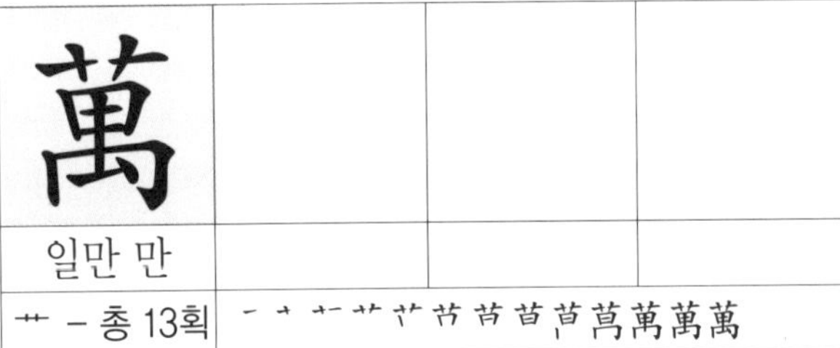
萬
일만 만
艹 – 총 13획

· 萬人(만인), 萬百姓(만백성)

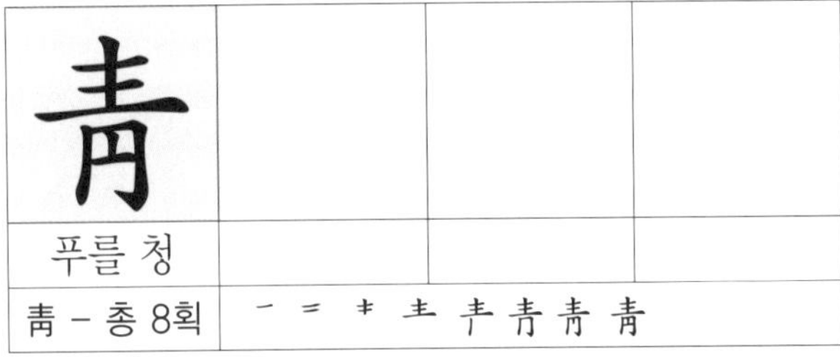
青
푸를 청
青 – 총 8획

· 青年(청년), 青山(청산)

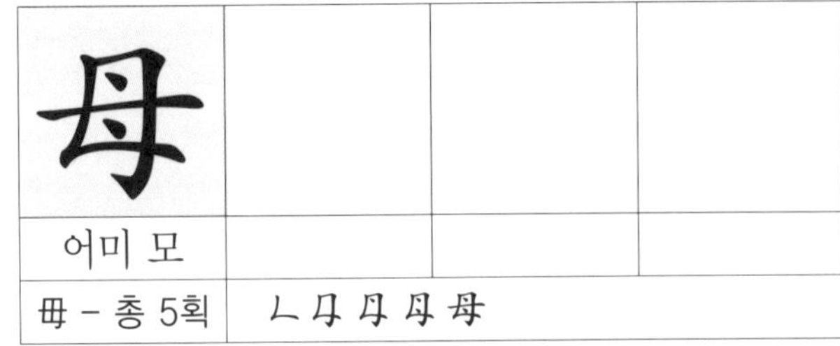
母
어미 모
毋 – 총 5획

· 母女(모녀)

· 상대 · 반의어 : 父(아비 부)

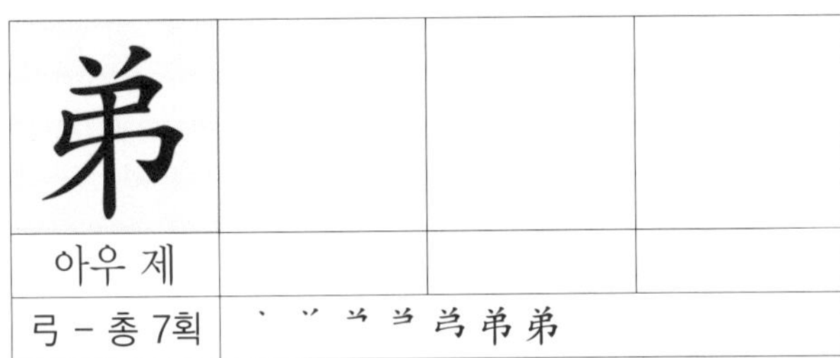
弟
아우 제
弓 – 총 7획

· 弟子(제자)

· 상대 · 반의어 : 兄(형 형)

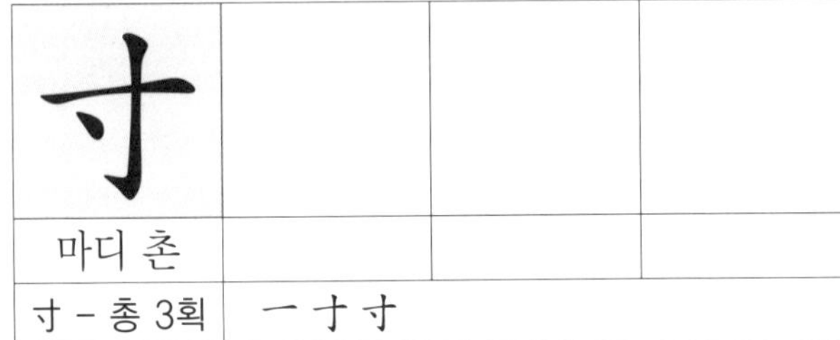
寸
마디 촌
寸 – 총 3획

· 外三寸(외삼촌)

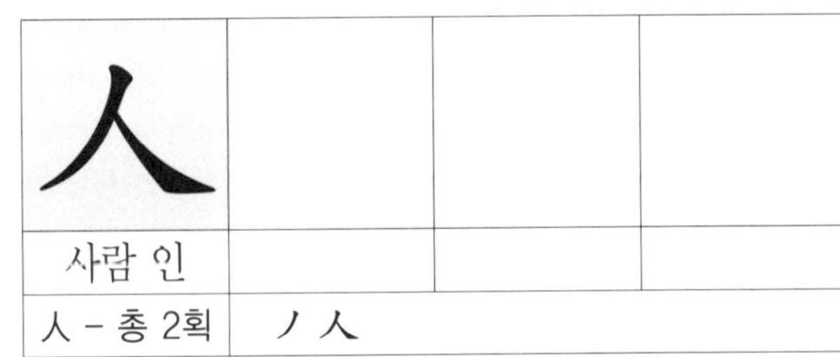
人
사람 인
人 – 총 2획

· 人口(인구), 人間(인간)

年

해 년

干 – 총 6획

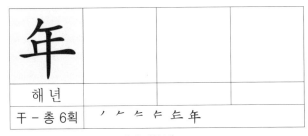

· 少年(소년), 生年月日(생년월일)

월 일 확인:

필순에 따라 한자를 써 보세요.

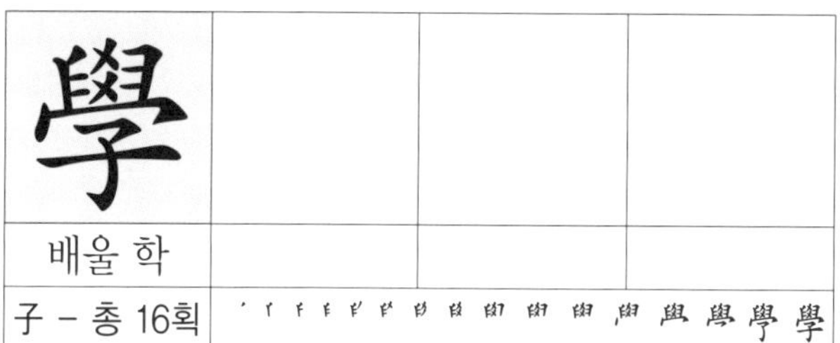

學 배울 학 子 – 총 16획

· 學生(학생) · 상대 · 반의어 : 教(가르칠 교)

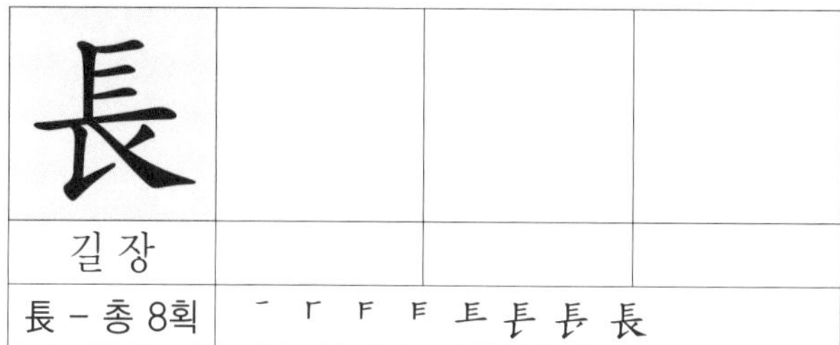

長 길 장 長 – 총 8획

· 校長(교장), 長男(장남)

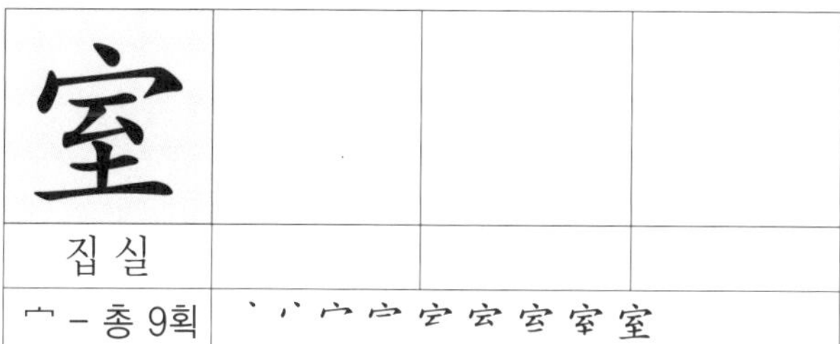

室 집 실 宀 – 총 9획

· 教室(교실)

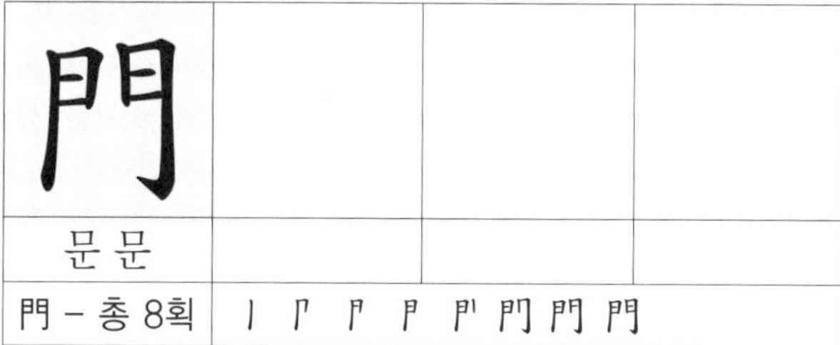

門 문 문 門 – 총 8획

· 大門(대문)

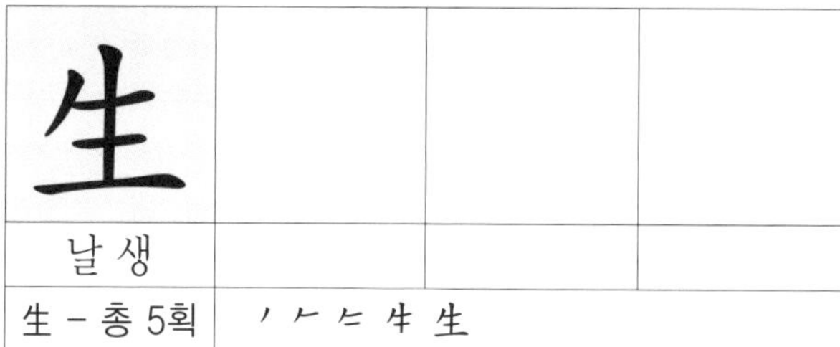

生 날 생 生 – 총 5획

· 生水(생수)

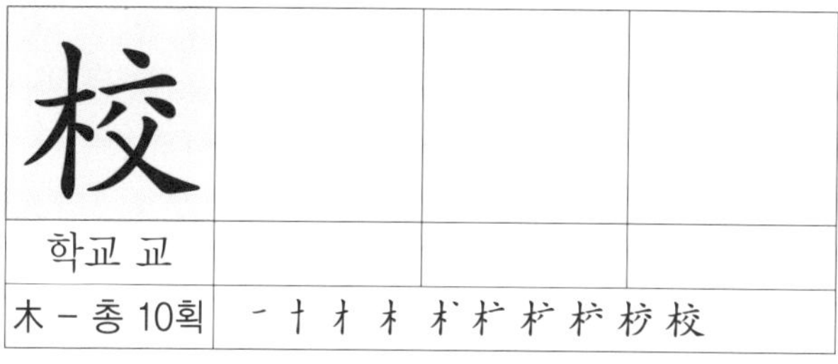

校 학교 교 木 – 총 10획

· 學校(학교), 校長(교장)

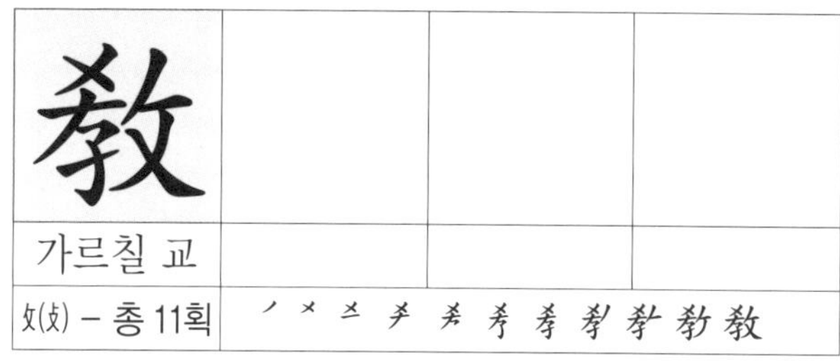

教 가르칠 교 攵(攴) – 총 11획

· 教育(교육)

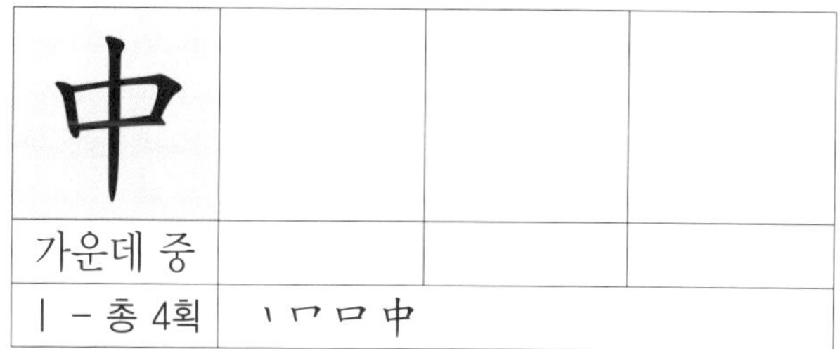

中 가운데 중 丨 – 총 4획

· 中學生(중학생)

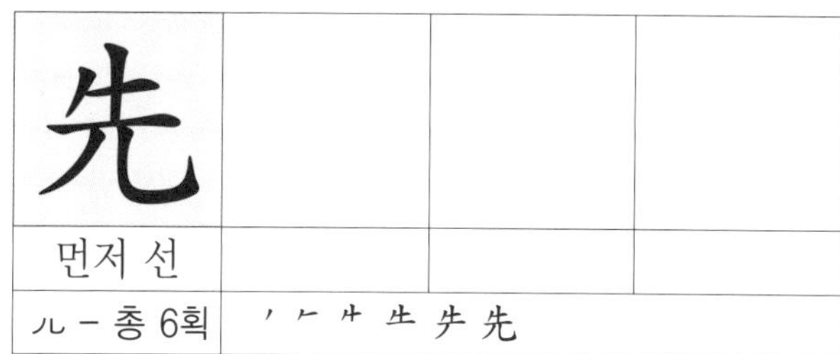

先 먼저 선 儿 – 총 6획

· 先生(선생)

王

임금 왕

玉 – 총 4획 一 二 干 王

· 王國(왕국), 王子(왕자)

7급 한자 복습

월 일 확인:

필순에 따라 한자를 써 보세요.

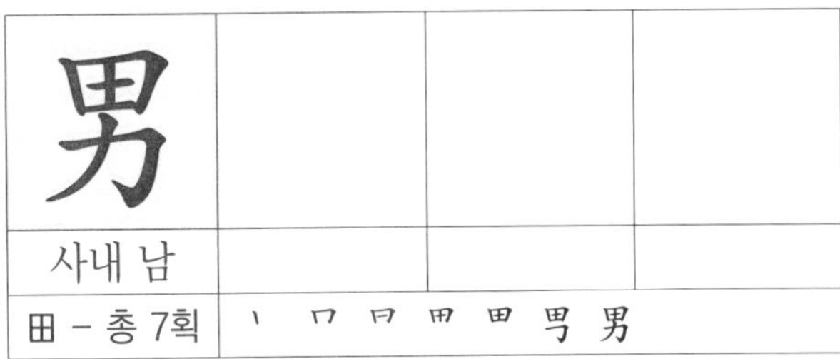

男
사내 남
田 – 총 7획

· 男子(남자) · 동음이의어 : 南(남녘 남)

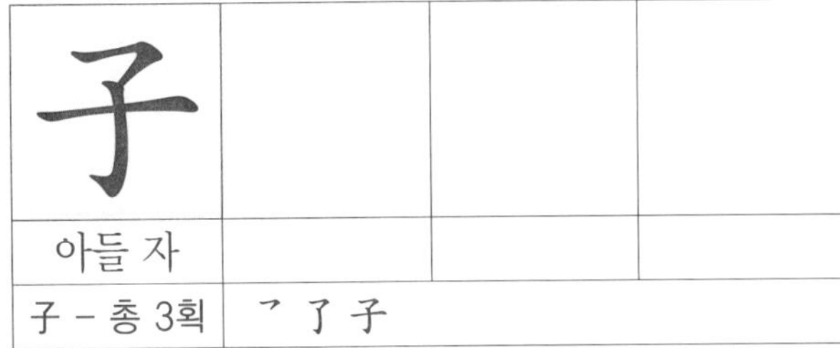

子
아들 자
子 – 총 3획

· 子女(자녀) · 동음이의어 : 自(스스로 자)

力
힘 력
力 – 총 2획

· 重力(중력)

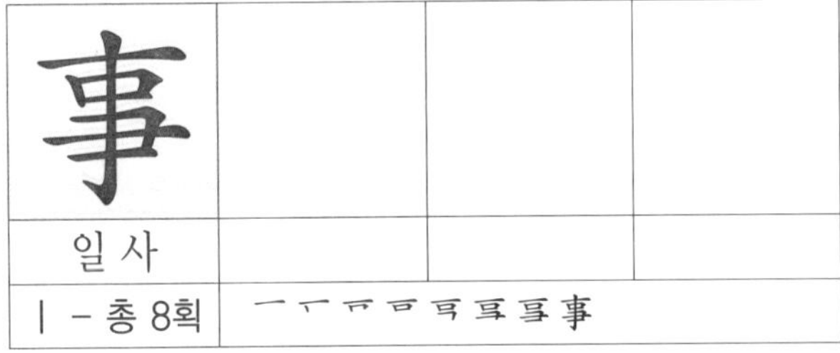

事
일 사
亅 – 총 8획

· 家事(가사) · 동음이의어 : 四(넉 사), 死(죽을 사),

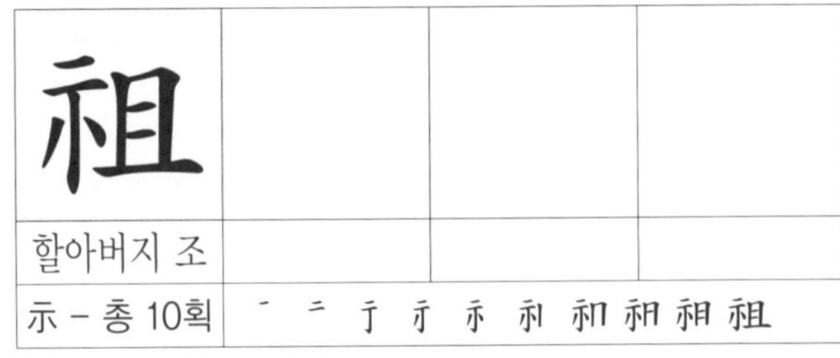

祖
할아버지 조
示 – 총 10획

· 祖上(조상) · 동음이의어 : 朝(아침 조)

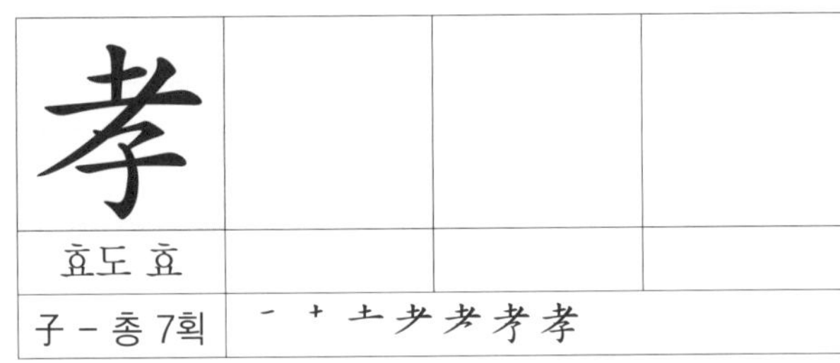

孝
효도 효
子 – 총 7획

· 孝道(효도)

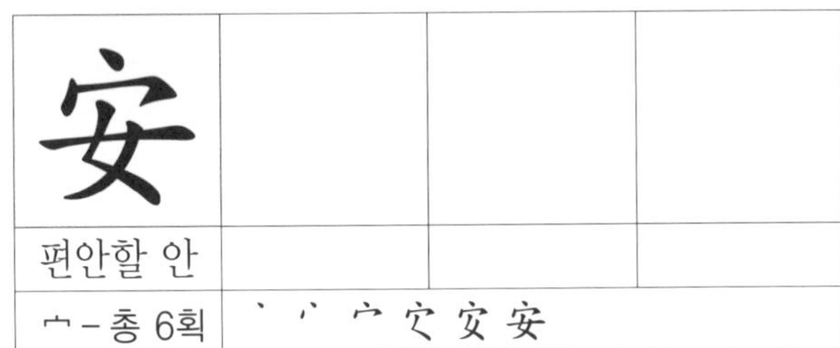

安
편안할 안
宀 – 총 6획

· 便安(편안)

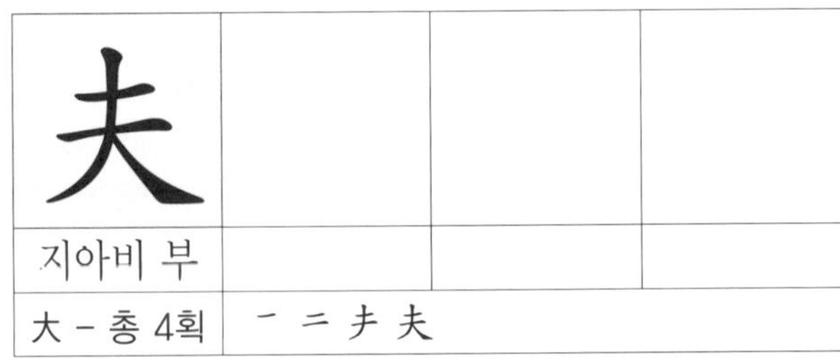

夫
지아비 부
大 – 총 4획

· 工夫(공부) · 동음이의어 : 部(거느릴 부), 父(아비 부)

自			
스스로 자			
自 – 총 6획	′ 亻 白 白 自 自		

· 自信(자신) · 동음이의어 : 子(아들 자), 字(글자 자)

家			
집 가			
宀 – 총 10획	丶 丶 宀 宀 宁 宇 家 家 家 家		

· 家門(가문) · 동음이의어 : 歌(노래 가)

월 일 확인:

필순에 따라 한자를 써 보세요.

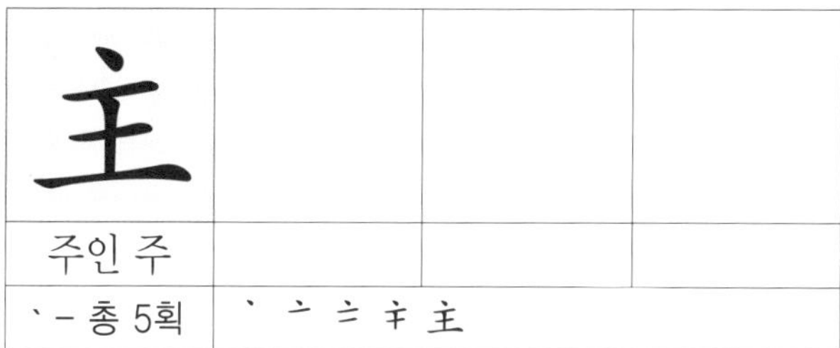
主
주인 주
丶 – 총 5획

· 主人(주인) · 동음이의어 : 住(살 주), 注(물댈 주)

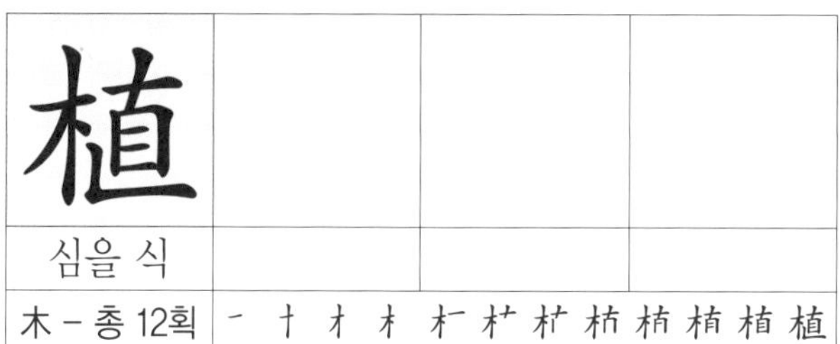
植
심을 식
木 – 총 12획

· 植木日(식목일) · 동음이의어 : 式(법 식), 食(먹을 식)

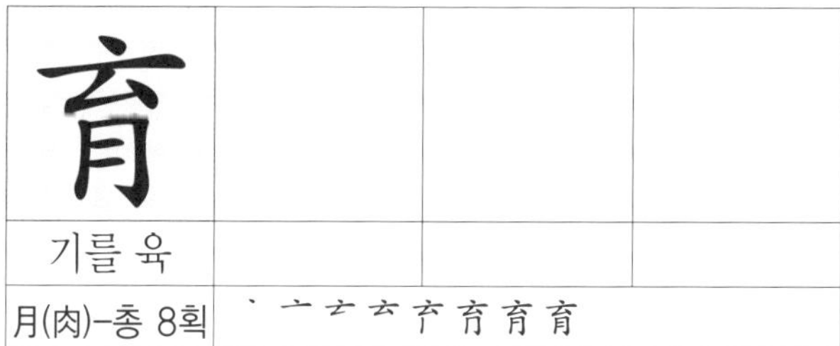
育
기를 육
月(肉)–총 8획

· 教育(교육)

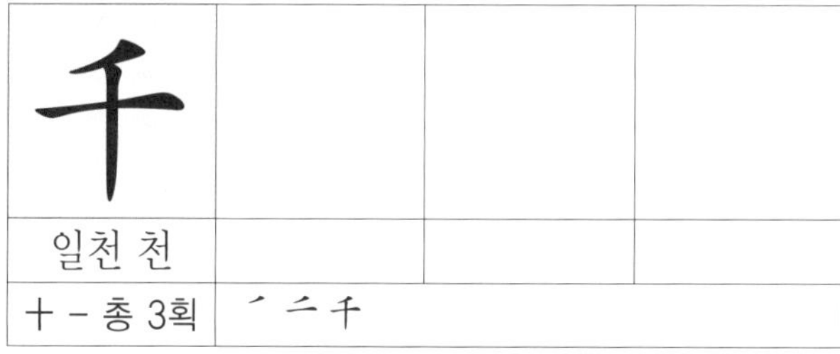
千
일천 천
十 – 총 3획
丿 二 千

· 千軍萬馬(천군만마) · 동음이의어 : 川(내 천)

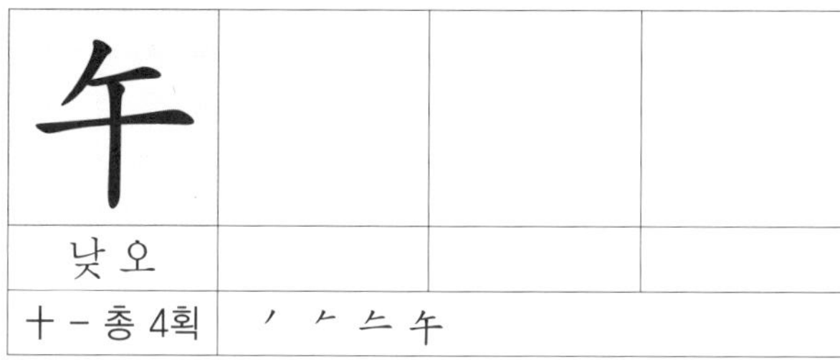
午
낮 오
十 – 총 4획

· 正午(정오) · 동음이의어 : 五(다섯 오)

夕			
저녁 석			
夕 – 총 3획	丿 ク 夕		

· 秋夕(추석) · 동음이의어 : 石(돌 석), 席(자리 석)

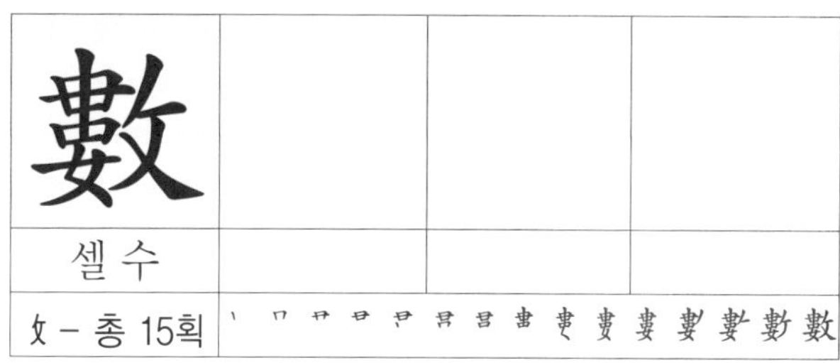
數
셀 수
攵 – 총 15획

· 數學(수학) · 동음이의어 : 水(물 수), 手(손 수)

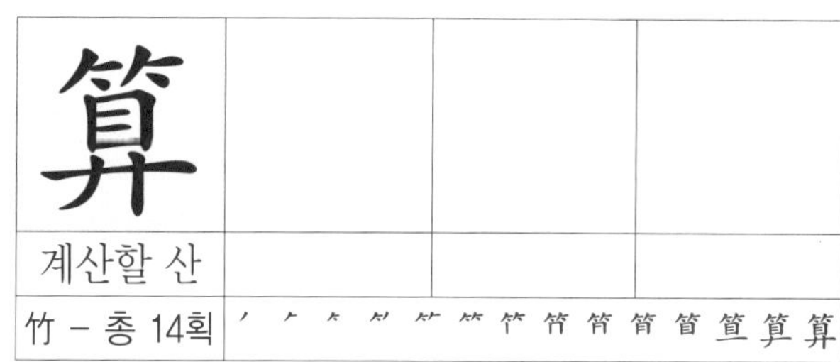
算
계산할 산
竹 – 총 14획

· 算數(산수) · 동음이의어 : 山(뫼 산)

問			
물을 문			
口 – 총 11획	丨 ㄗ ㄗ 尸 尸' 門 門 門 門 問 問		

· 問答(문답) · 동음이의어 : 文(글월 문), 門(문 문)

答			
대답할 답			
竹 – 총 12획	丿 ㅗ ㅊ 𥫗 竺 竺 笅 笅 笅 笒 答 答		

· 對答(대답) · 상대 · 반의어 : 問(물을 문)

7급 한자 복습

월 일 확인:

필순에 따라 한자를 써 보세요.

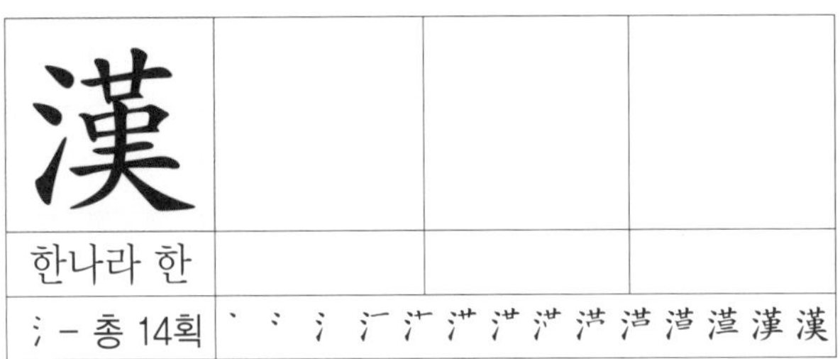

漢
한나라 한
氵 – 총 14획

· 漢字(한자) · 동음이의어 : 韓(나라 한)

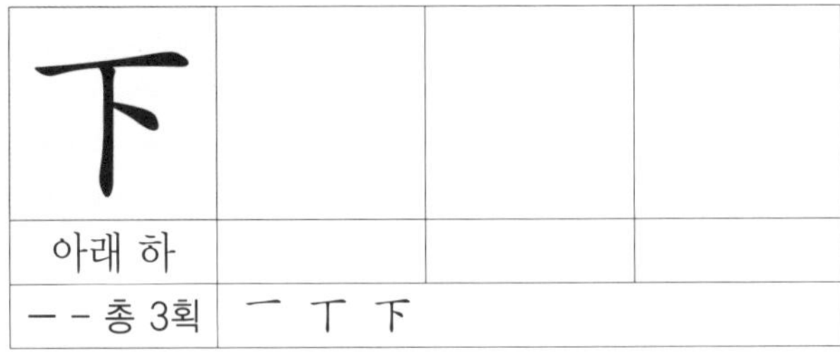

下
아래 하
一 – 총 3획

· 地下(지하) · 동음이의어 : 夏(여름 하)

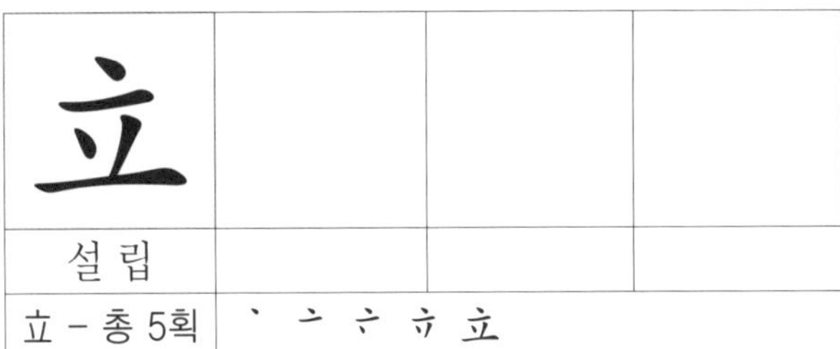

立
설 립
立 – 총 5획

· 建立(건립)

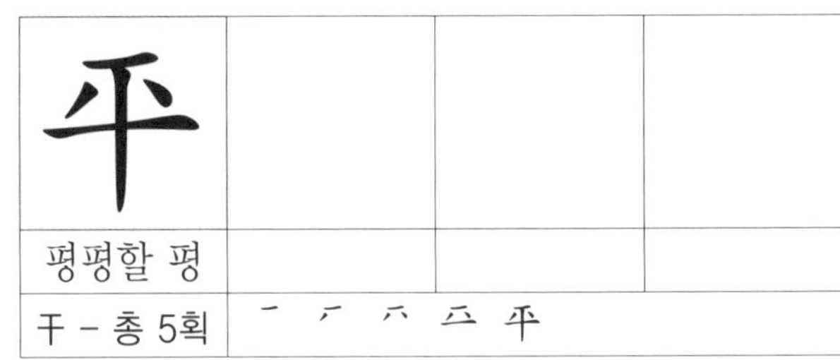

平
평평할 평
干 – 총 5획

· 平行(평행)

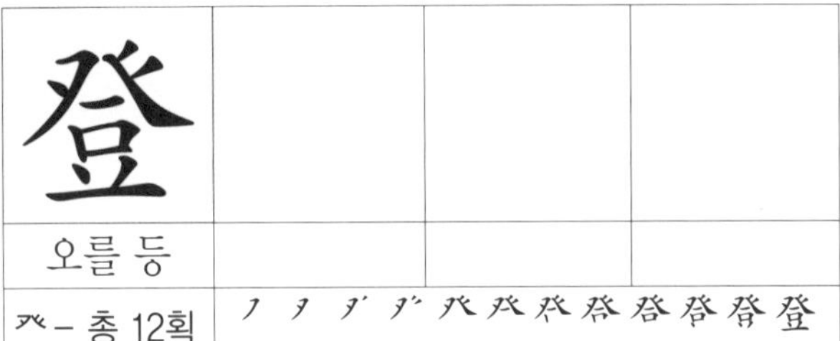

登
오를 등
癶 – 총 12획

· 登山(등산) · 동음이의어 : 等(무리 등)

里
마을 리
里 – 총 7획

· 里長(이장) · 동음이의어 : 利(이로울 리)

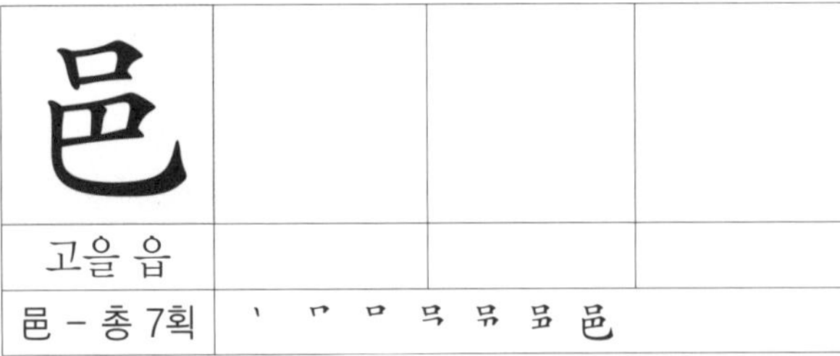

邑
고을 읍
邑 – 총 7획

· 邑內(읍내) · 유의어 : 洞(고을 동)

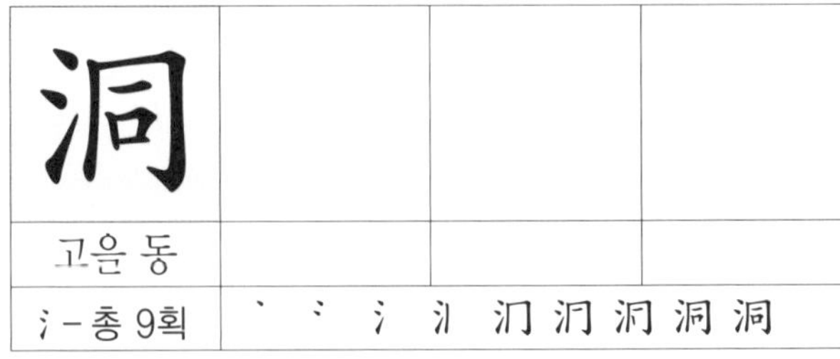

洞
고을 동
氵 – 총 9획

· 洞口(동구) · 동음이의어 : 東(동녘 동)

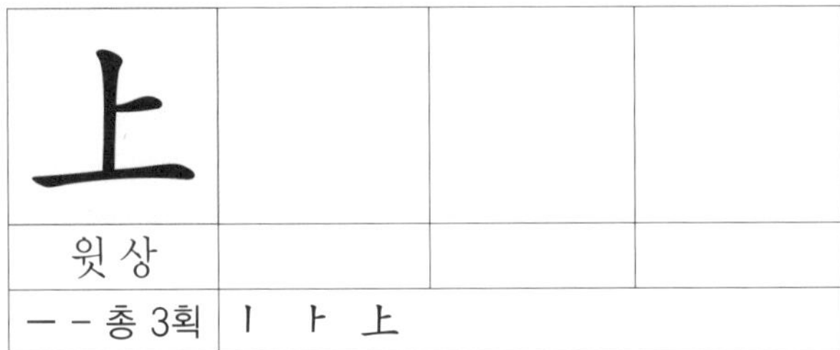

上
윗 상
一 – 총 3획

· 天上天下(천상천하) · 상대 · 반의어 : 下(아래 하)

旗			
깃발 기			
方 – 총 14획			

· 國旗(국기) · 동음이의어 : 氣(기운 기), 記(기록할 기)

월 일 확인:

필순에 따라 한자를 써 보세요.

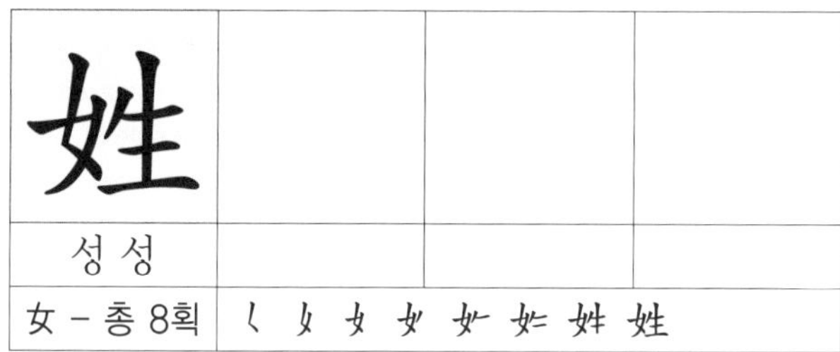
姓
성 성
女 – 총 8획

· 姓氏(성씨) · 동음이의어 : 成(이룰 성), 省(살필 성)

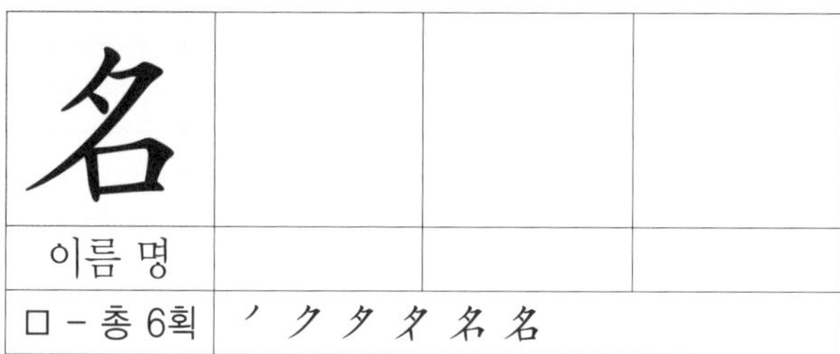
名
이름 명
口 – 총 6획

· 姓名(성명) · 동음이의어 : 命(목숨 명), 明(밝을 명)

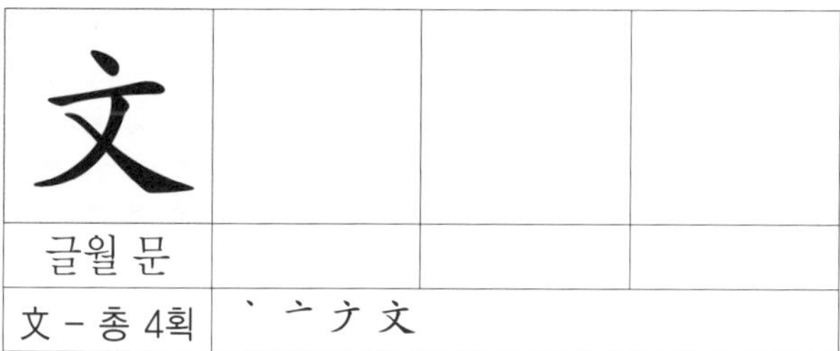
文
글월 문
文 – 총 4획

· 文身(문신) · 유의어 : 章(글 장)

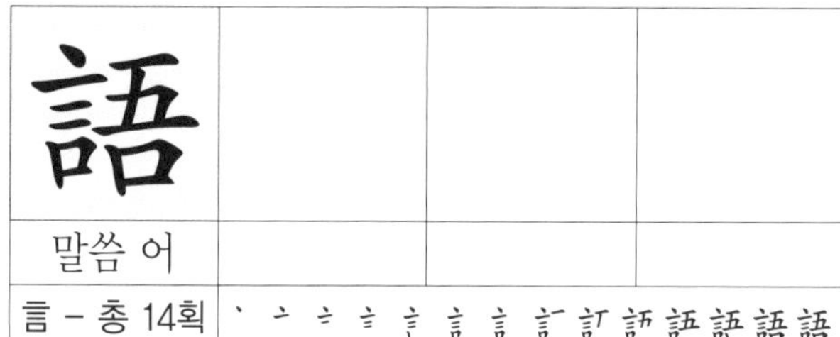
語
말씀 어
言 – 총 14획

· 國語(국어) · 유의어 : 言(말씀 언), 話(말씀 화)

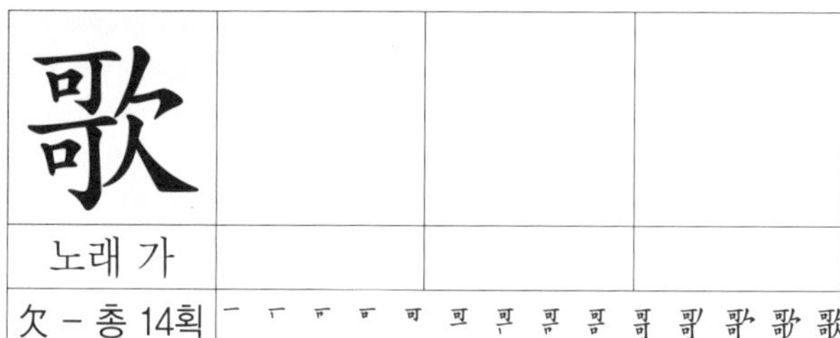
歌
노래 가
欠 – 총 14획

· 歌手(가수) · 동음이의어 : 家(집 가)

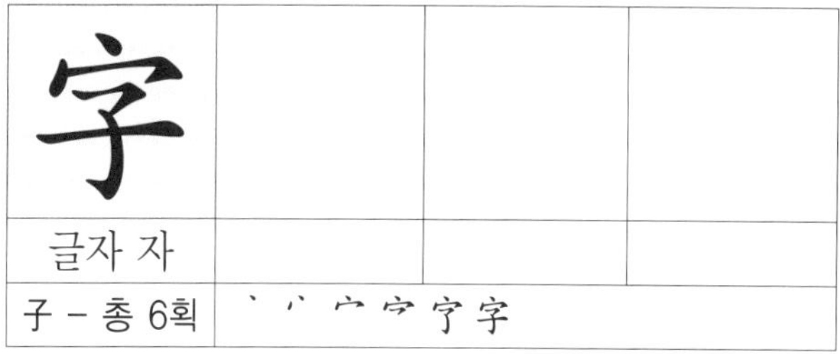
字
글자 자
子 – 총 6획

· 文字(문자) · 동음이의어 : 子(아들 자)

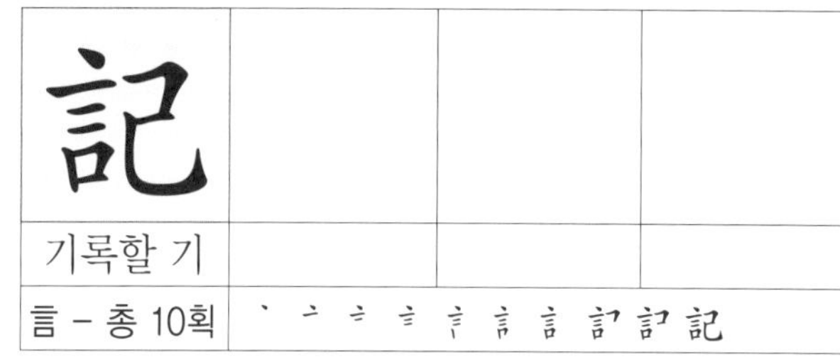
記
기록할 기
言 – 총 10획

· 日記(일기) · 동음이의어 : 旗(깃발 기), 氣(기운 기)

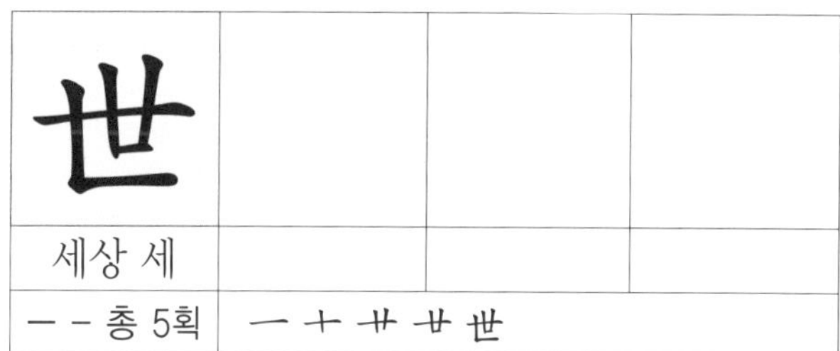
世
세상 세
一 – 총 5획

· 世上(세상)

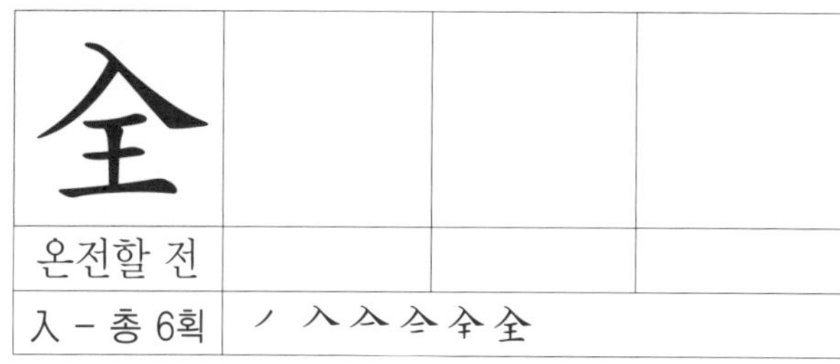
全
온전할 전
入 – 총 6획

· 安全(안전) · 동음이의어 : 前(앞 전), 戰(싸움 전)

來

올 래

人 – 총 8획

· 來日(내일)

7급 한자 복습

월 일 확인:

필순에 따라 한자를 써 보세요.

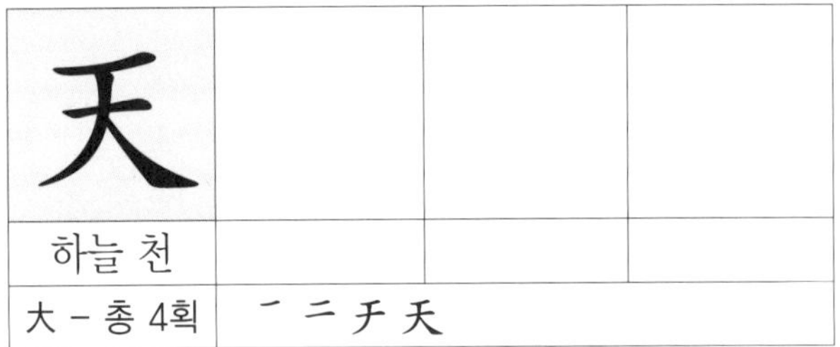

天
하늘 천
大 – 총 4획
一 二 チ 天

· 天國(천국) · 상대 · 반의어 : 地(땅 지)

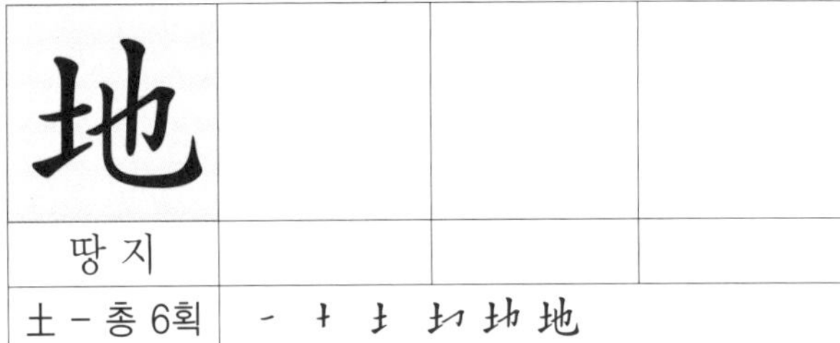

地
땅 지
土 – 총 6획
一 十 土 圵 圵 地

· 地球(지구) · 상대 · 반의어 : 天(하늘 천)

川
내 천
巛 – 총 3획
丿 川 川

· 春川(춘천) · 동음이의어 : 天(하늘 천), 千(일천 천)

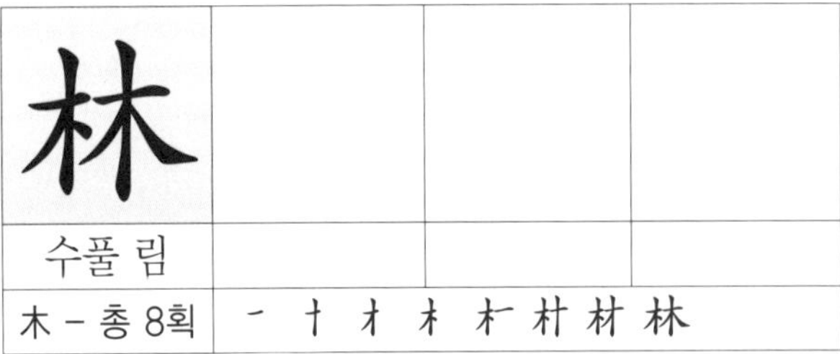

林
수풀 림
木 – 총 8획
一 十 才 木 木 村 材 林

· 山林(산림)

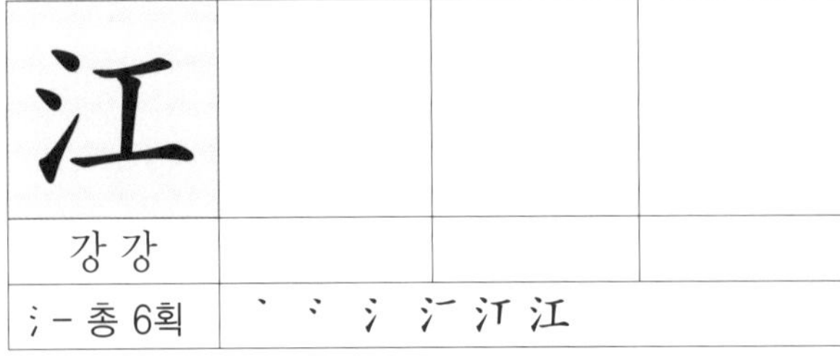

江
강 강
氵– 총 6획
丶 丶 氵 氵 汀 江

· 漢江(한강) · 동음이의어 : 强(강할 강)

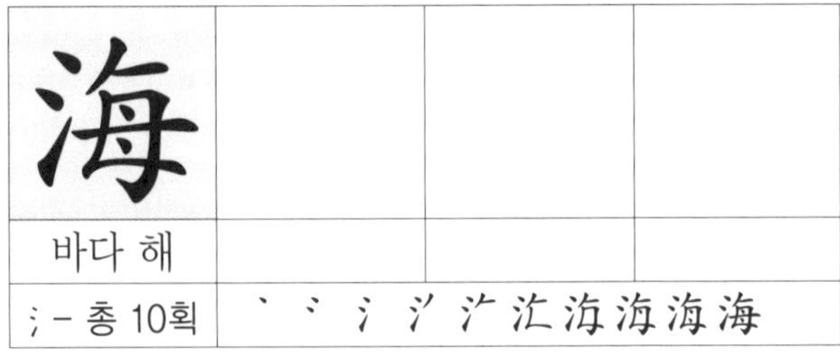

海
바다 해
氵– 총 10획
丶 丶 氵 氵 氵 � 海 海 海 海

· 海洋(해양)

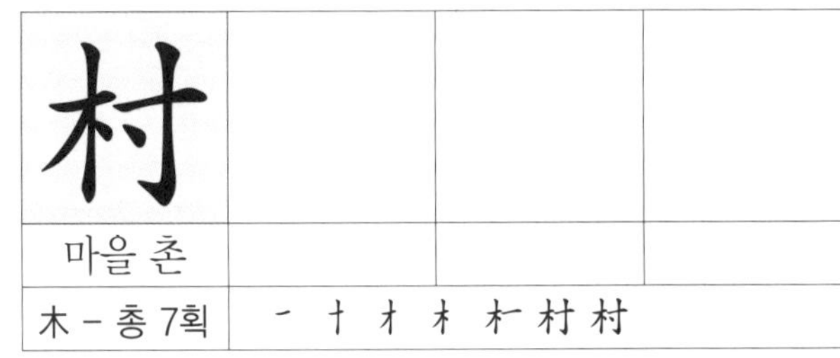

村
마을 촌
木 – 총 7획
一 十 才 木 木 村 村

· 江村(강촌)

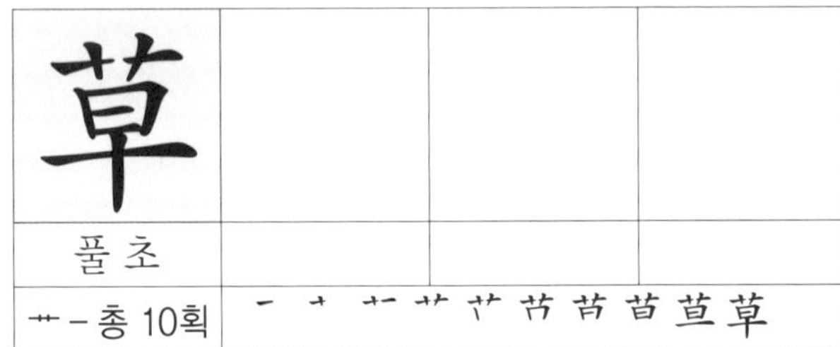

草
풀 초
艹 – 총 10획

· 水草(수초)

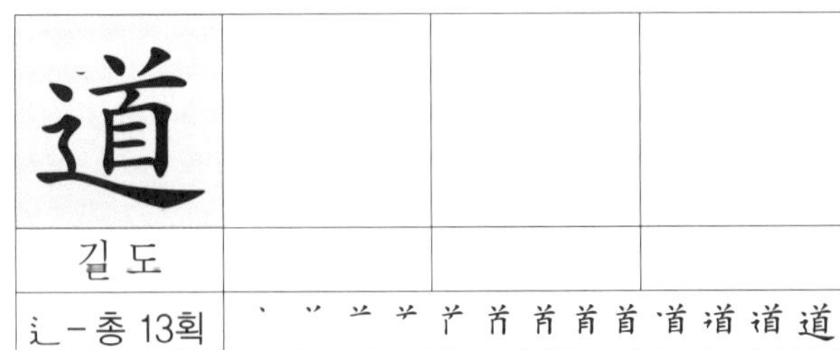

道
길 도
辶 – 총 13획

· 道路(도로) · 동음이의어 : 度(법도 도), 圖(그림 도)

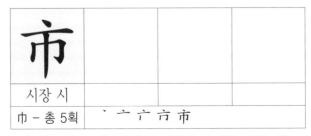

市			
시장 시			
巾 – 총 5획	丶 亠 亣 市 市		

· 市內(시내) · 동음이의어 : 始(비로소 시), 時(때 시)

월 일 확인:

필순에 따라 한자를 써 보세요.

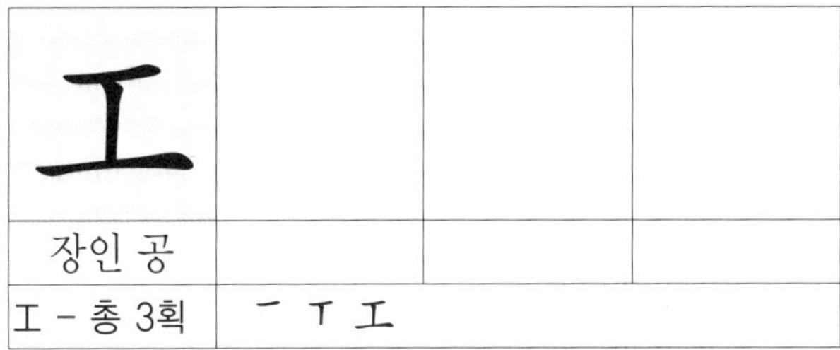
工
장인 공
工 – 총 3획

· 工具(공구) · 동음이의어 : 空(빌 공), 公(공변될 공)

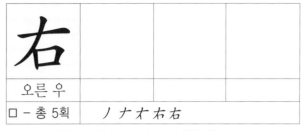

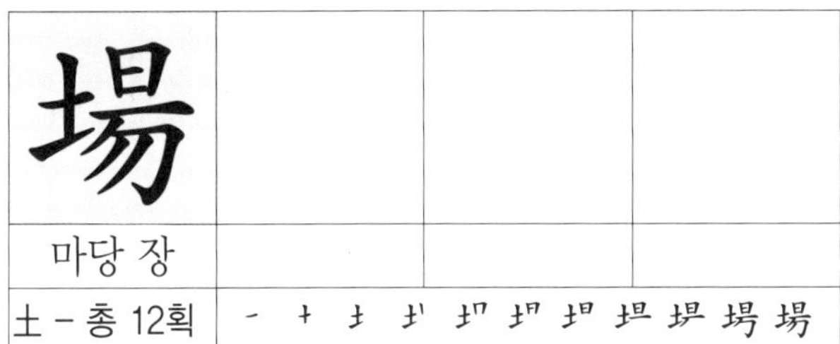
場
마당 장
土 – 총 12획

· 工場(공장) · 동음이의어 : 長(길 장)

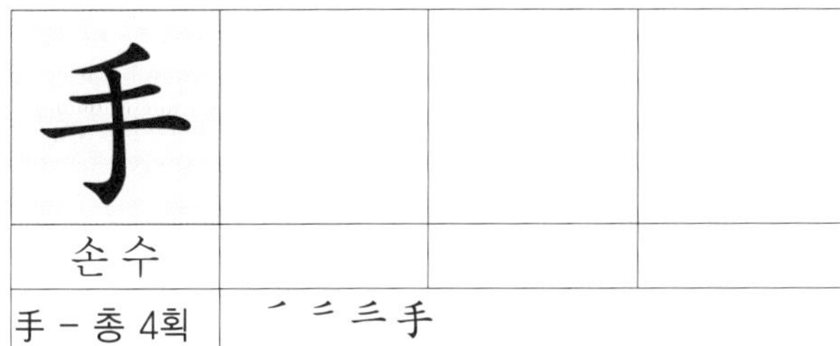
手
손 수
手 – 총 4획

· 手足(수족) · 동음이의어 : 水(물 수), 數(셀 수)

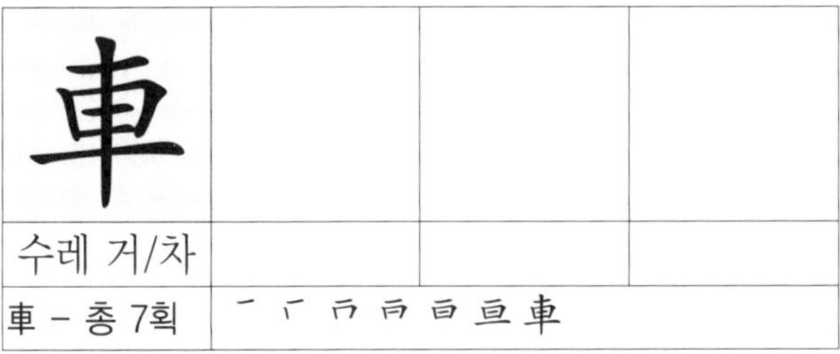
車
수레 거/차
車 – 총 7획

· 自動車(자동차)

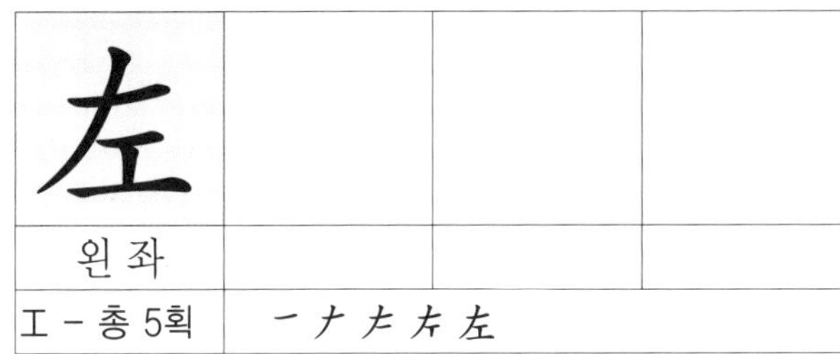
左
왼 좌
工 – 총 5획

· 左右(좌우) · 상대 · 반의어 : 右(오른 우)

右

오른 우

口 – 총 5획

· 左右(좌우) · 상대 · 반의어 : 左(왼 좌)

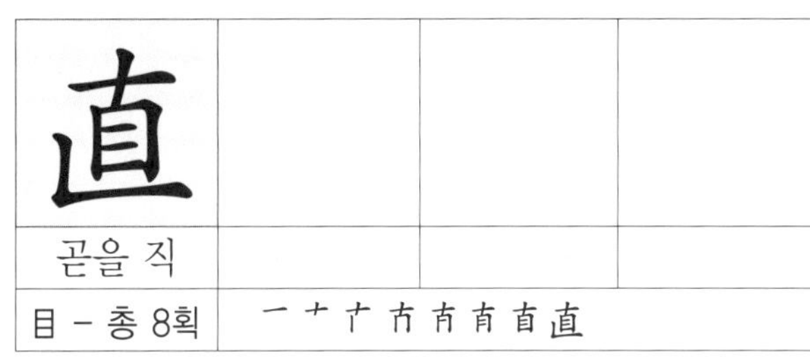
直
곧을 직
目 – 총 8획

· 直立(직립) · 유의어 : 正(바를 정)

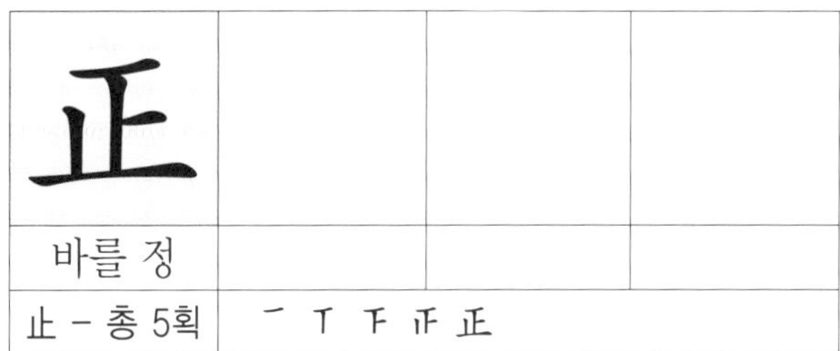
正
바를 정
止 – 총 5획

· 正門(정문) · 동음이의어 : 定(정할 정)

動
움직일 동
力 – 총 11획

· 運動(운동) · 동음이의어 : 冬(겨울 동), 同(한가지 동)

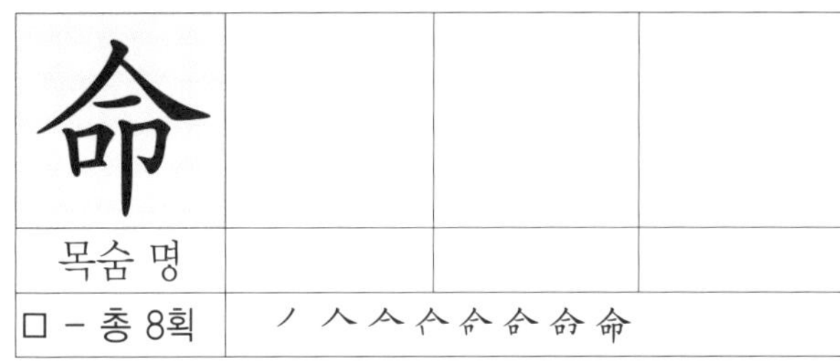
命
목숨 명
口 – 총 8획

· 命令(명령) · 동음이의어 : 名(이름 명), 明(밝을 명)

7급 한자 복습

월 일 확인:

필순에 따라 한자를 써 보세요.

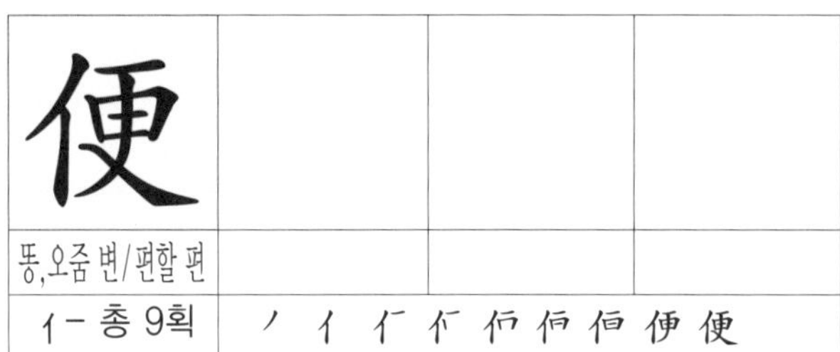

便
똥,오줌 변/편할 편
亻- 총 9획

· 便紙(편지)

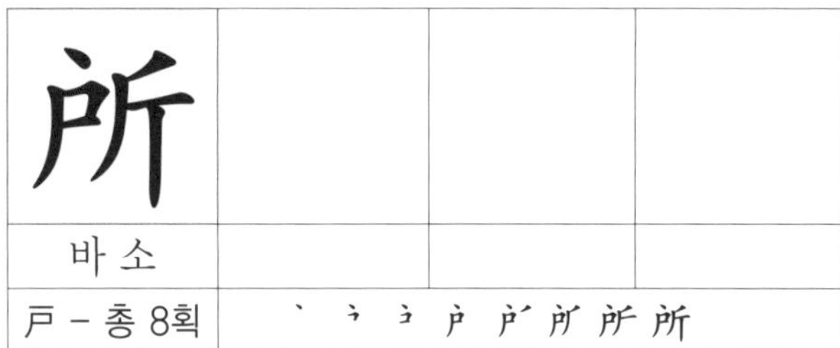

所
바 소
戶 - 총 8획

· 便所(변소) · 동음이의어 : 小(작을 소), 消(사라질 소)

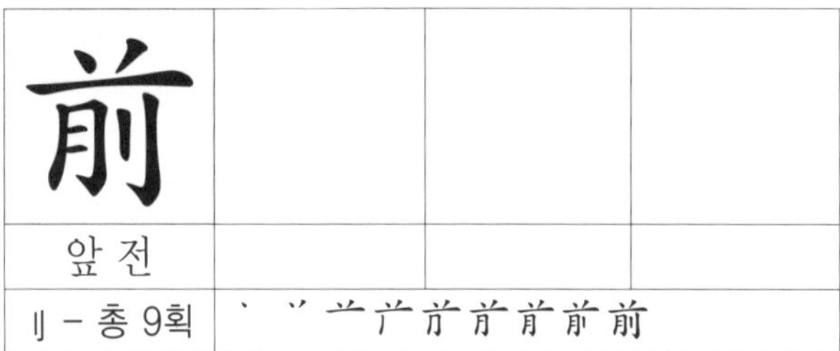

前
앞 전
刂 - 총 9획

· 前後(전후) · 동음이의어 : 全(온전할 전), 戰(싸움 전)

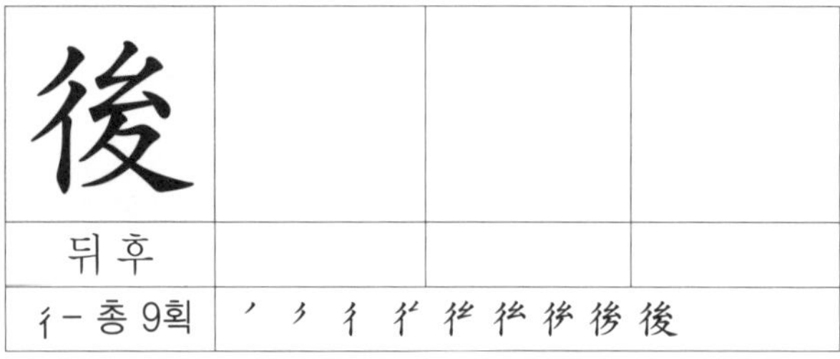

後
뒤 후
彳- 총 9획

· 後門(후문) · 상대 · 반의어 : 前(앞 전)

出
나갈 출
凵 - 총 5획

· 出入(출입) · 상대 · 반의어 : 入(들어갈 입)

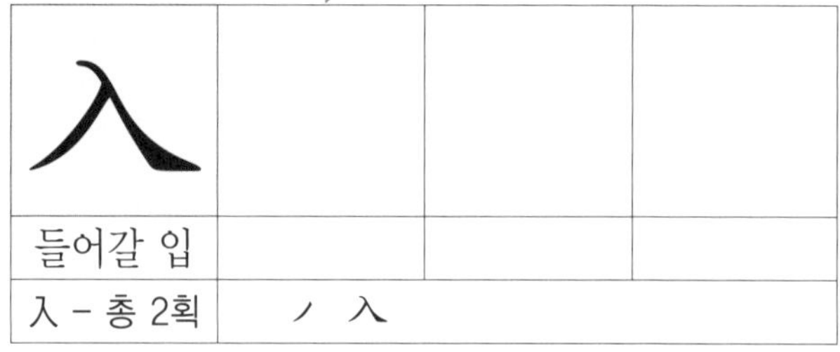

入
들어갈 입
入 - 총 2획

· 入口(입구) · 상대 · 반의어 : 出(나갈 출)

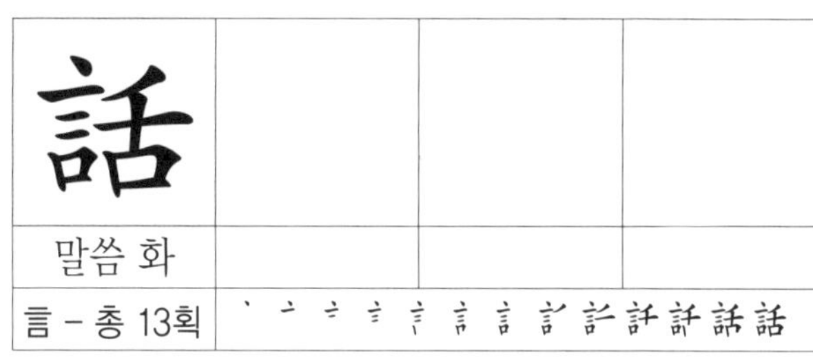

話
말씀 화
言 - 총 13획

· 對話(대화) · 동음이의어 : 火(불 화), 花(꽃 화)

心
마음 심
心 - 총 4획

· 童心(동심) · 상대 · 반의어 : 身(몸 신)

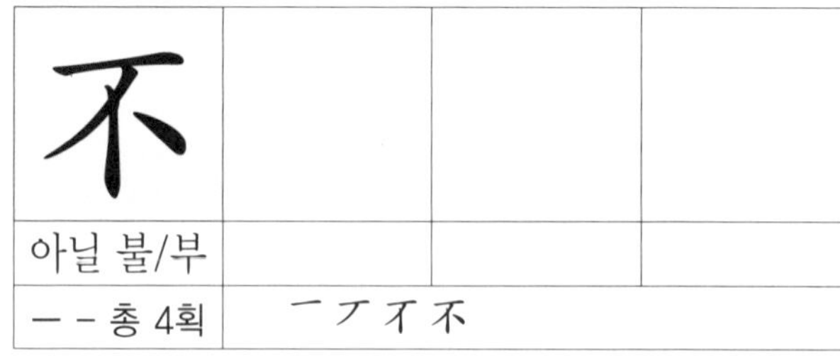

不
아닐 불/부
一 - 총 4획

· 不足(부족)

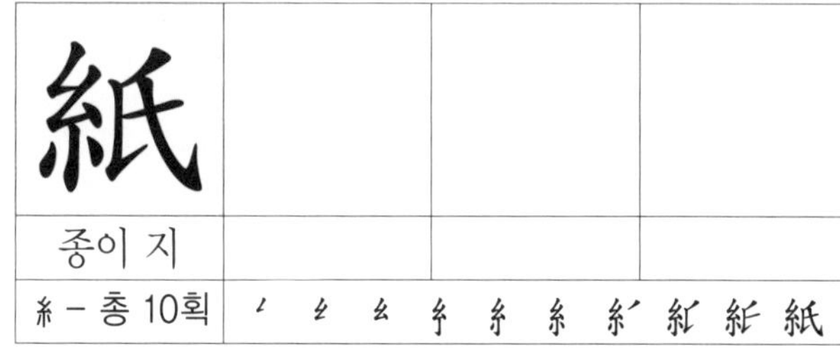

紙
종이 지
糸 - 총 10획

· 休紙(휴지) · 동음이의어 : 地(땅 지)

7급 한자 복습

월 일 확인:

필순에 따라 한자를 써 보세요.

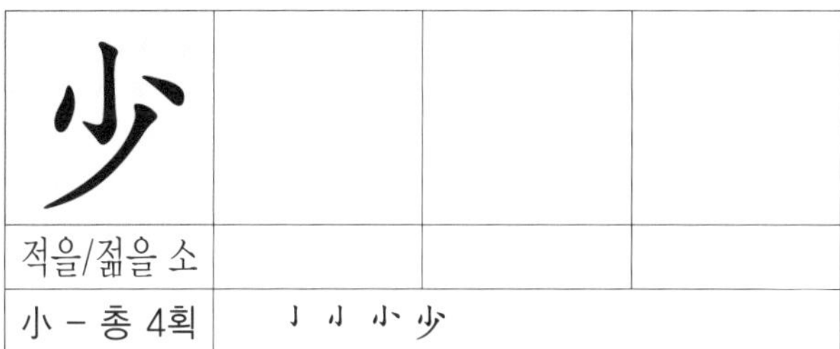

· 多少(다소) · 상대 · 반의어 : 多(많을 다), 老(늙을 로)

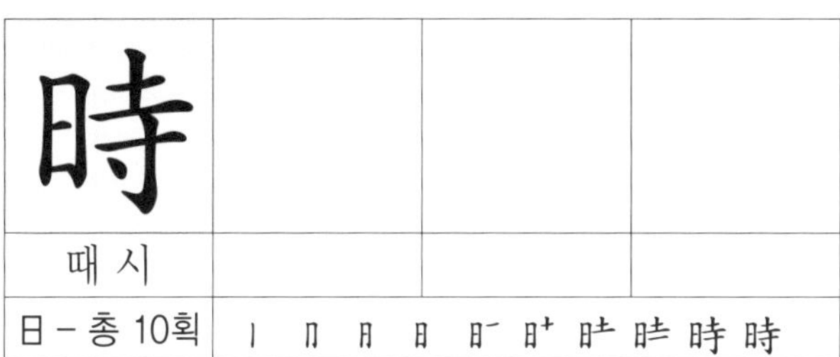

· 時間(시간) · 동음이의어 : 市(시장 시), 始(비로소 시)

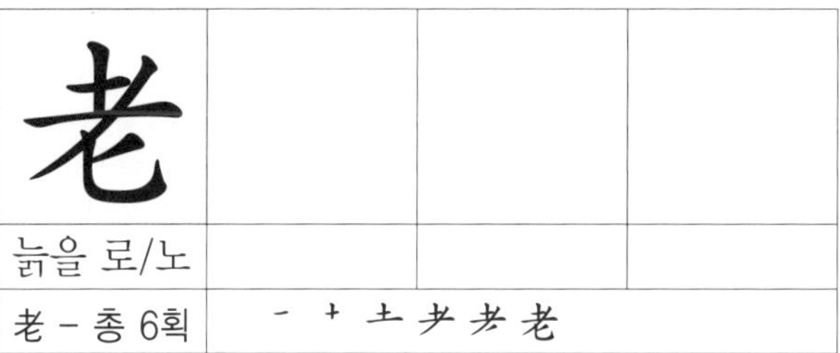

· 敬老(경로) · 상대 · 반의어 : 少(젊을 소)

· 入口(입구) · 동음이의어 : 九(아홉 구), 區(구분할 구)

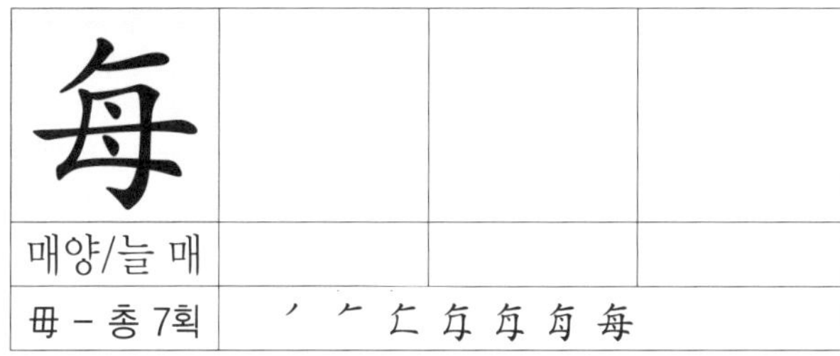

· 每年(매년)

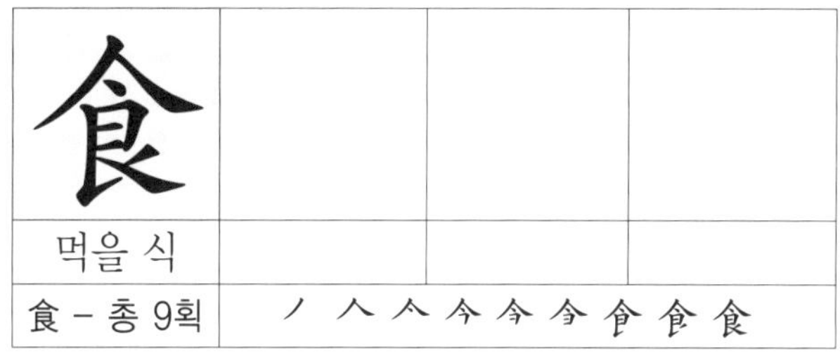

· 食事(식사) · 동음이의어 : 式(법 식), 植(심을 식)

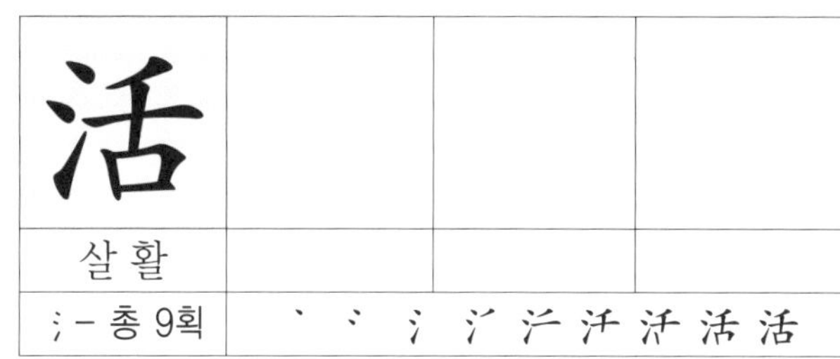

· 生活(생활) · 상대 · 반의어 : 死(죽을 사)

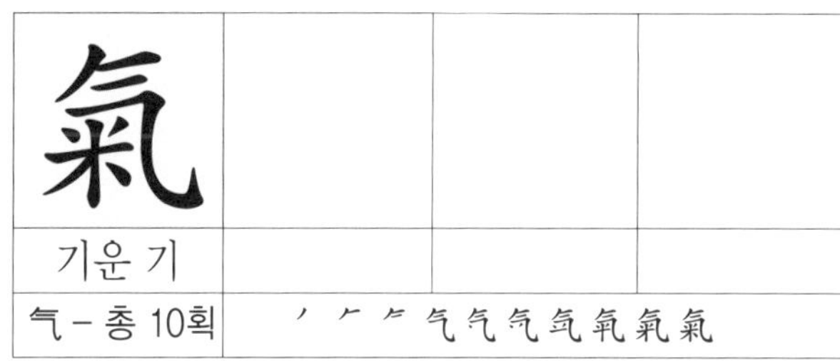

活氣(활기) · 동음이의어 : 旗(깃발 기), 記(기록할 기)

面			
낯 면			
面 – 총 9획	一 丆 丆 丙 而 而 而 面 面		

· 反面(반면)

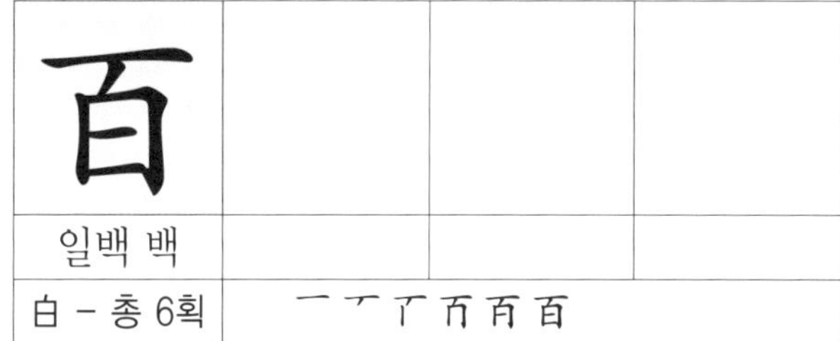

· 百戰百勝(백전백승) · 동음이의어 : 白(흰 백)

월 일 확인:

필순에 따라 한자를 써 보세요.

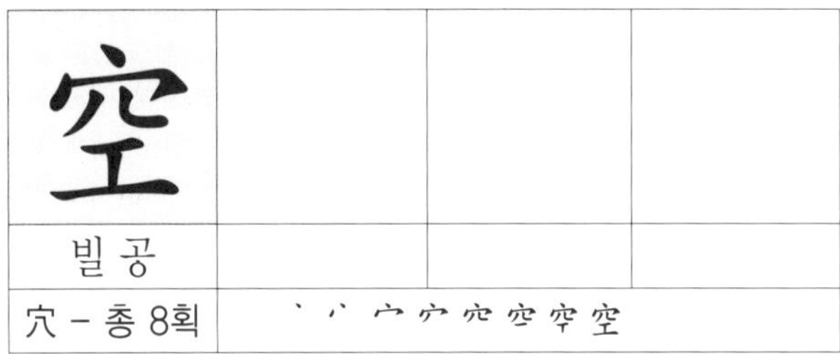

빌 공

穴 – 총 8획 丶 丷 宀 宂 穴 空 空 空

· 空軍(공군) · 동음이의어 : 工(장인 공), 公(공변될 공)

間

사이 간

門 – 총 12획 丨 𠃍 ㄕ 尸 尸 門 門 門 門 問 間 間

· 間食(간식)

발 족

足 – 총 7획 丨 ㅁ 口 ㅁ 早 尸 足

· 不足(부족) · 상대 · 반의어 : 手(손 수)

안 내

入 – 총 4획 丨 冂 内 內

· 內衣(내의) · 상대 · 반의어 : 外(바깥 외)

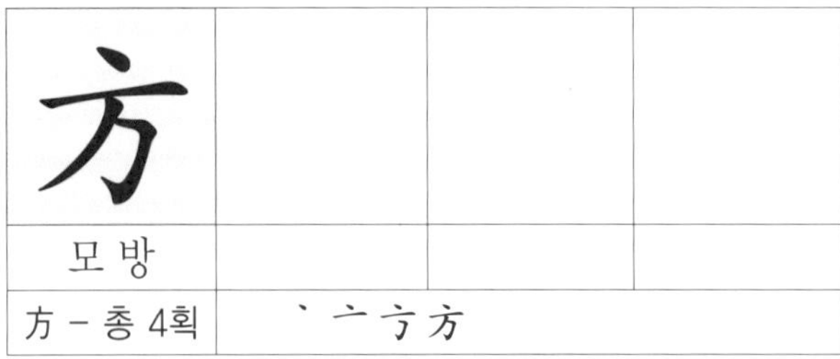

모 방

方 – 총 4획 丶 亠 方 方

· 四方(사방) · 동음이의어 : 放(놓을 방)

머무를/살 주

亻– 총 7획 丿 亻 亻 仁 仨 住 住

· 住民(주민) · 동음이의어 : 主(주인 주)

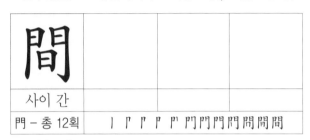

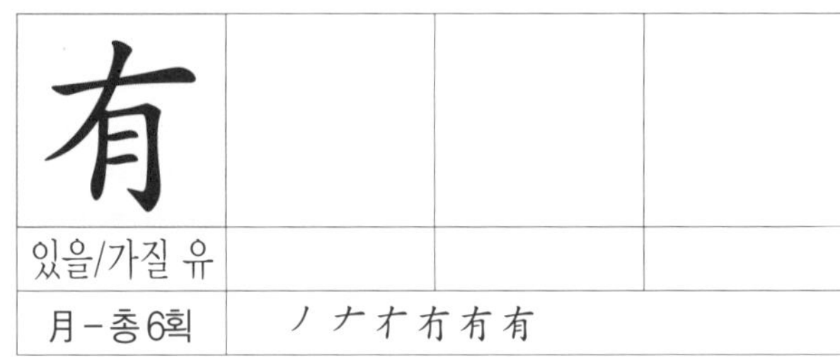

있을/가질 유

月 – 총 6획 丿 ナ 十 冇 有 有

· 有明(유명)

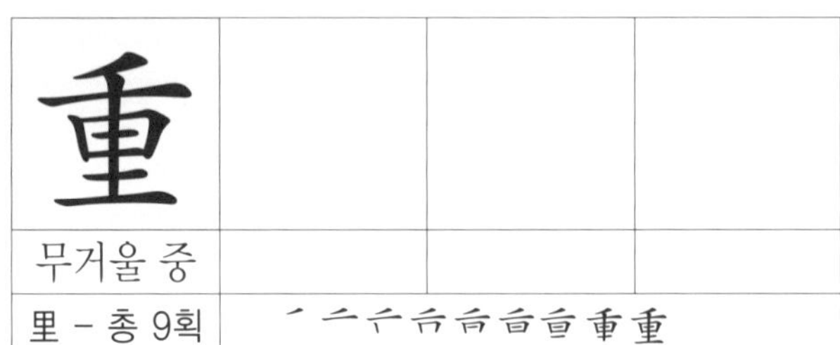

무거울 중

里 – 총 9획 ㇀ 二 千 白 盲 盲 亩 重 重

· 重力(중력) · 동음이의어 : 中(가운데 중)

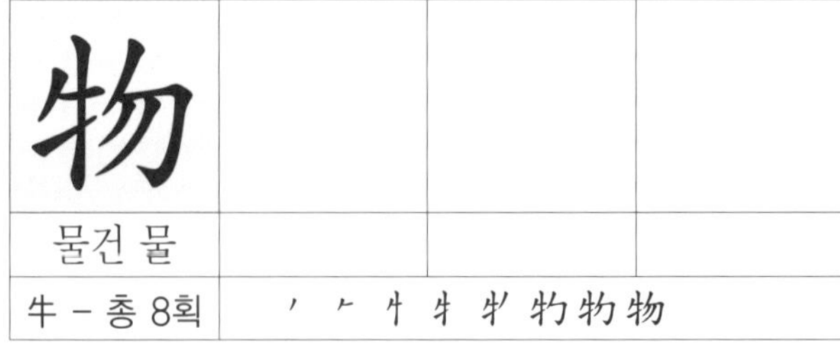

물건 물

牛 – 총 8획 丿 ㅏ 牛 牛 牜 牞 物 物

· 動物(동물)

同

한가지 동

口 – 총 6획 丨 冂 冂 同 同 同

· 共同(공동) · 동음이의어 : 冬(겨울 동)

7급 한자 복습

월 일 확인:

필순에 따라 한자를 써 보세요.

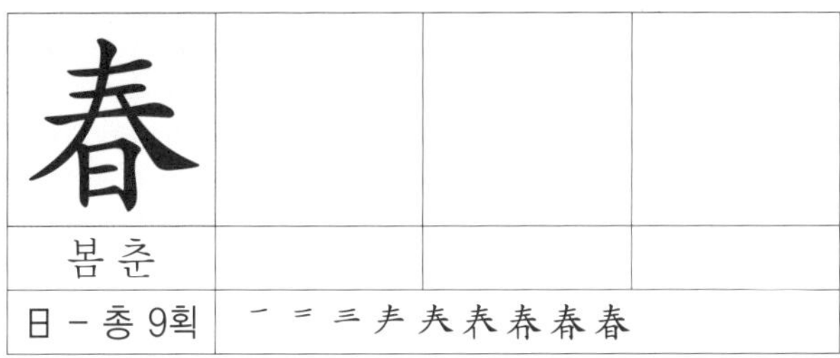

· 立春(입춘) · 상대 · 반의어 : 秋(가을 추)

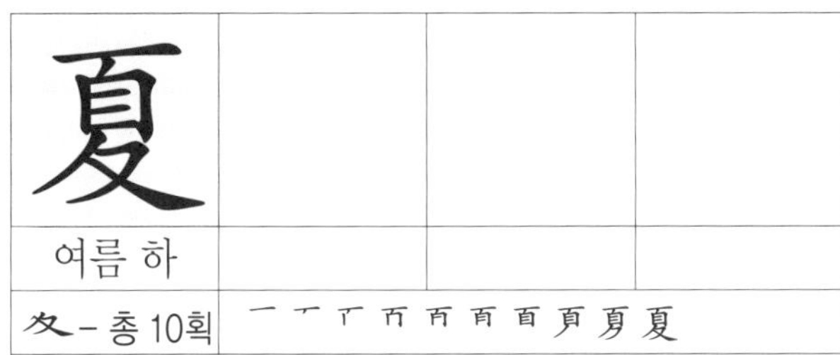

· 春夏秋冬(춘하추동) · 상대 · 반의어 : 冬(겨울 동)

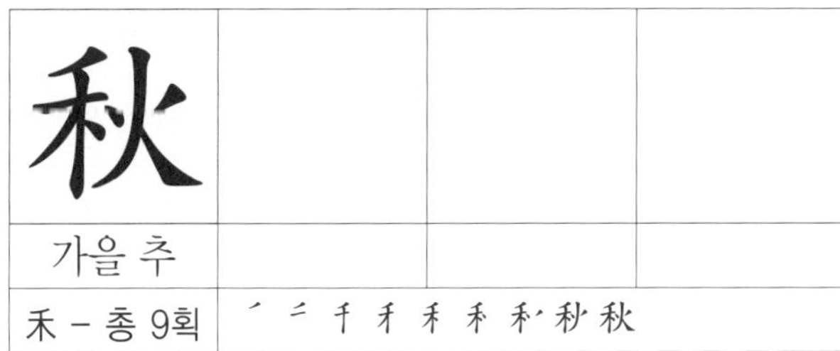

· 秋夕(추석) · 상대 · 반의어 : 春(봄 춘)

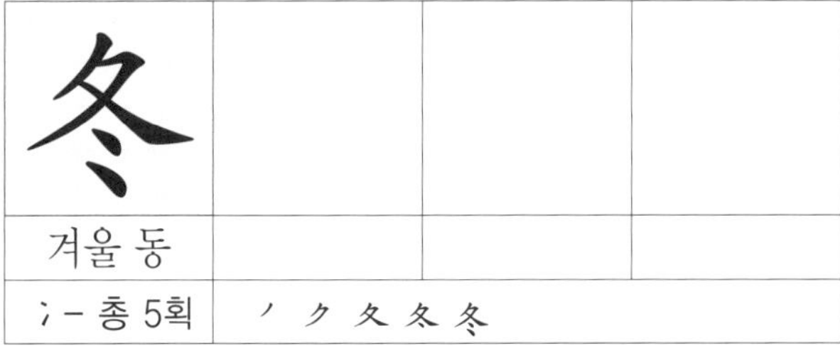

· 冬服(동복) · 동음이의어 : 同(한가지 동), 東(동녘 동)

· 花草(화초) · 동음이의어 : 火(불 화), 和(화합할 화)

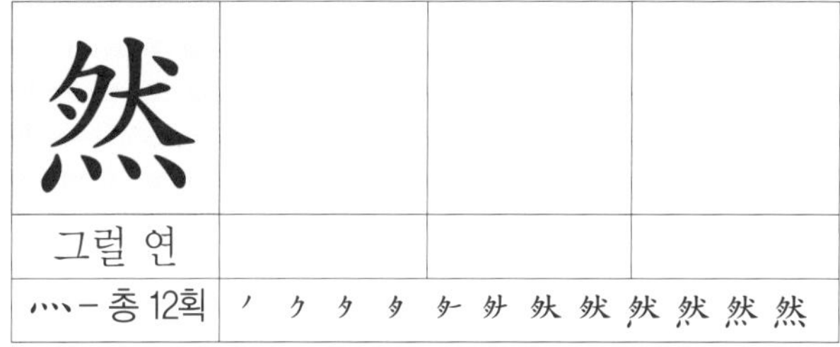

· 自然(자연)

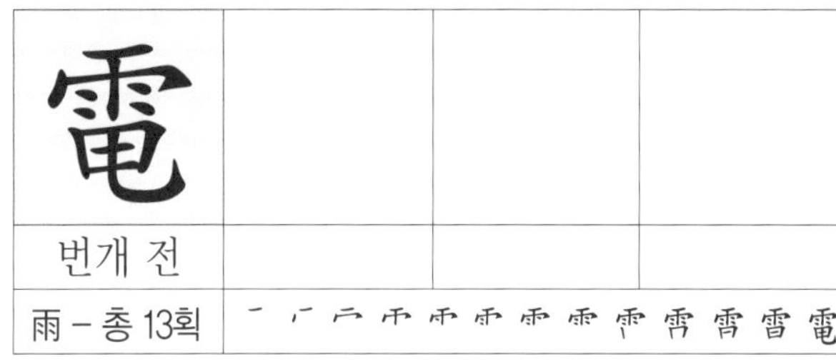

· 電話(전화) · 동음이의어 : 全(온전할 전), 前(앞 전)

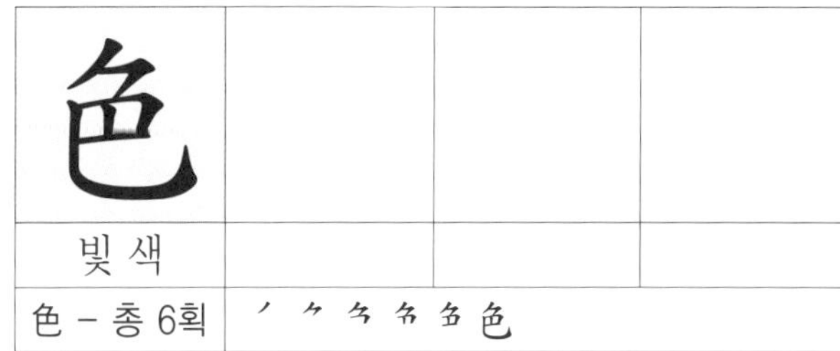

· 青色(청색)

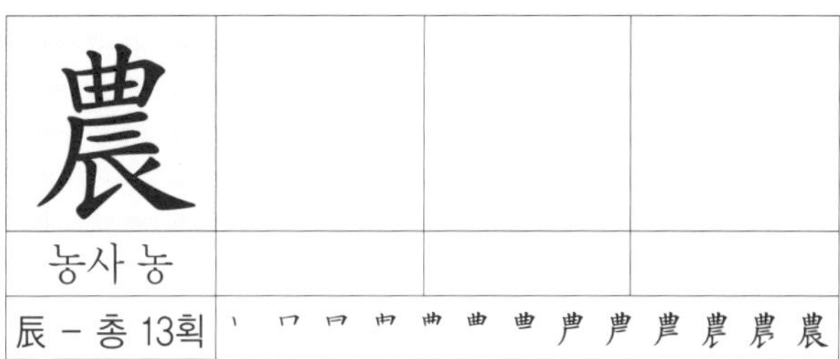

· 農村(농촌)

· 休日(휴일)

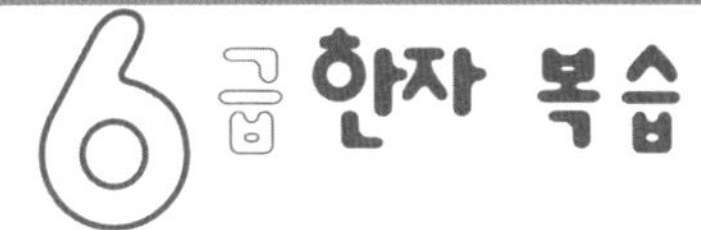
6급 한자 복습

월 일 확인:

빈 칸에 한자를 써 보세요.

한자	따라 쓰기							
角 뿔 각	角							
角 - 총 7획	角度(각도)							
各 각각 각	各							
口 - 총 6획	各色(각색)							
感 느낄 감	感							
心 - 총 13획	感情(감정)							
强 강할 강	强							
弓 - 총 12획	强弱(강약)							
開 열 개	開							
門 - 총 12획	開學(개학)							
京 서울 경	京							
亠 - 총 8획	上京(상경)							
界 경계 계	界							
田 - 총 9획	世界(세계)							
計 계산할 계	計							
言 - 총 9획	計算(계산)							
高 높을 고	高							
高 - 총 10획	高速(고속)							

빈 칸에 한자를 써 보세요.

한자	부수·획수	연습	낱말	참고
苦 쓸 고	艹 - 총 9획	苦	苦難(고난)	
古 옛 고	口 - 총 5획	古	古代(고대)	상대 · 반의어 : 今(이제 금)
公 공변될 공	八 - 총 4획	公	公正(공정)	
功 공/일 공	力 - 총 5획	功	成功(성공)	
共 함께 공	八 - 총 6획	共	共用(공용)	
科 과목 과	禾 - 총 9획	科	科目(과목)	동음이의어 : 課(공부할 과), 過(지날 과)
果 과실 과	木 - 총 8획	果	果樹園(과수원)	
光 빛 광	儿 - 총 6획	光	光線(광선)	
交 사귈 교	亠 - 총 6획	交	外交(외교)	

월 일 확인:

빈 칸에 한자를 써 보세요.

한자	따라 쓰기							
球 공 구	球							
王/玉 – 총 11획	電球(전구)							
區 구역 구	區							
匸 – 총 11획	區分(구분)							
郡 고을 군	郡							
阝 – 총 10획	郡民(군민)				동음이의어 : 軍(군사 군)			
根 뿌리 근	根							
木 – 총 10획	根本(근본)							
近 가까울 근	近							
辶 – 총 8획	近方(근방)				상대 · 반의어 : 遠(멀 원)			
今 이제 금	今							
人 – 총 4획	今年(금년)				상대 · 반의어 : 古(옛 고)			
急 급할 급	急							
心 – 총 9획	性急(성급)							
級 등급 급	級							
糸 – 총 10획	學級(학급)							
多 많을 다	多							
夕 – 총 6획	多讀(다독)				상대 · 반의어 : 少(적을 소)			

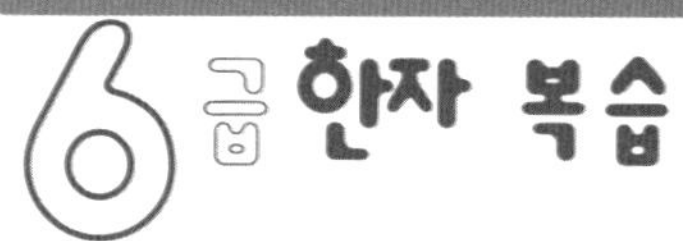

월 일 확인:

빈 칸에 한자를 써 보세요.

한자	따라 쓰기							
短 짧을 단	短							
矢 - 총 12획	長短(장단)							
堂 집 당	堂							
土 - 총 11획	食堂(식당)							
代 대신할 대	代							
亻 - 총 5획	代表(대표)							
對 대할 대	對							
寸 - 총 14획	對答(대답)							
待 기다릴 대	待							
彳 - 총 9획	待合室(대합실)							
圖 그림 도	圖							
口 - 총 14획	地圖(지도)							
度 법도 도/잴 탁	度							
广 - 총 9획	溫度(온도)							
讀 읽을 독	讀							
言 - 총 22획	讀書(독서)							
童 아이 동	童							
立 - 총 12획	童話(동화)							

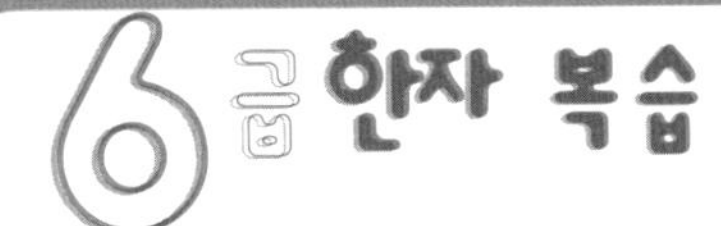
6급 한자 복습

월 일 확인:

빈 칸에 한자를 써 보세요.

한자	훈음	부수 – 총획	쓰기	예
頭	머리 두	頁 – 총 16획	頭	· 先頭(선두)
等	무리 등	竹 – 총 12획	等	等級(등급)
樂	즐거울 락, 음악 악, 좋아할 요	木 – 총 15획	樂	音樂(음악)
例	법식 례/예	亻 – 총 8획	例	事例(사례)
禮	예도 례/예	示 – 총 18획	禮	禮節(예절)
路	길 로	足 – 총 13획	路	道路(도로)
綠	푸를 록/녹	糸 – 총 14획	綠	常綠樹(상록수)
理	다스릴 리	王/玉 – 총 11획	理	理由(이유)
利	이로울 리	刂 – 총 7획	利	便利(편리)

빈 칸에 한자를 써 보세요.

한자								
李 오얏 리	李							
木 - 총 7획	李氏(이씨)							
明 밝을 명	明							
日 - 총 8획	明堂(명당)							
目 눈 목	目							
目 - 총 5획	題目(제목)							
聞 들을 문	聞							
耳 - 총 14획	新聞(신문)			동음이의어 : 文(글월 문), 問(물을 문)				
米 쌀 미	米							
米 - 총 6획	米飮(미음)							
美 아름다울 미	美							
羊 - 총 9획	美人(미인)							
朴 성 박	朴							
木 - 총 6획	朴氏(박씨)							
反 돌이킬 반	反							
又 - 총 4획	反省(반성)							
半 반 반	半							
十 - 총 5획	過半(과반)							

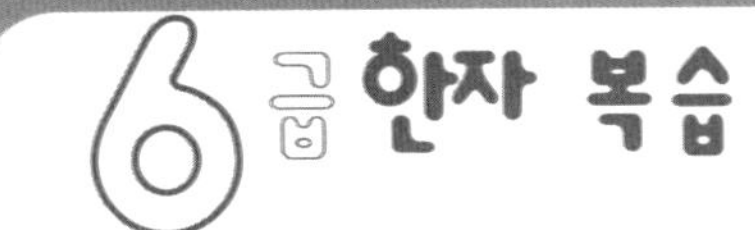
6급 한자 복습

월 일 확인:

빈 칸에 한자를 써 보세요.

한자	훈음	부수 - 총획	예
班	나눌 반	王/玉 - 총 10획	班長(반장)
發	필 발	癶 - 총 12획	發射(발사)
放	놓을 방	攵 - 총 8획	開放(개방)
番	차례 번	田 - 총 12획	番號(번호)
別	다를 별	刂 - 총 7획	區別(구별)
病	병 병	疒 - 총 10획	病院(병원)
服	옷 복	月 - 총 8획	洋服(양복)
本	근본 본	木 - 총 5획	本土(본토)
部	거느릴 부	阝/邑 - 총 11획	一部(일부)

6급 한자 복습

월 일 확인:

빈 칸에 한자를 써 보세요.

한자	훈음	부수 - 획수	쓰기	낱말	관련어
分	나눌 분	刀 - 총 4획	分	區分(구분)	
社	모일 사	示 - 총 8획	社	會社(회사)	
使	부릴 사	亻/人 - 총 8획	使	使用(사용)	
死	죽을 사	歹 - 총 6획	死	九死一生(구사일생)	상대 · 반의어 : 活(살 활), 生(날 생)
書	책 / 글 서	日 - 총 10획	書	· 書店(서점)	동음이의어 : 西(서녘 서)
石	돌 석	石 - 총 5획	石	· 石油(석유)	
席	자리 석	巾 - 총 10획	席	參席(참석)	
線	선 선	糸 - 총 15획	線	曲線(곡선)	
雪	눈 설	雨 - 총 11획	雪	雪花(설화)	

빈 칸에 한자를 써 보세요.

한자	쓰기							
成 이룰 성	成							
戈 - 총 6획	成功(성공)							
省 살필 성/ 덜 생	省							
目 - 총 9획	自省(자성)							
消 사라질 소	消							
氵/水 - 총 10획	消火(소화)							
速 빠를 속	速							
辶 - 총 11획	速度(속도), 高速(고속)							
孫 손자 손	孫							
子 - 총 10획	孫子(손자)				상대 · 반의어 : 祖(할아버지 조)			
樹 나무 수	樹							
木 - 총 16획	植樹(식수)							
術 재주 술	術							
行 - 총 11획	美術(미술)							
習 익힐 습	習							
羽 - 총 11획	鍊習(연습)							
勝 이길 승	勝							
力 - 총 12획	勝利(승리), 百戰百勝(백전백승)							

6급 한자 복습

월 일 확인:

빈 칸에 한자를 써 보세요.

한자	훈음	부수 · 획수	낱말
始	비로소 시	女 - 총 8획	原始人(원시인)
式	법 식	弋 - 총 6획	禮式(예식)
信	믿을 신	亻/人- 총 9획	書信(서신)
身	몸 신	身 - 총 7획	身長(신장), 身體(신체)
新	새로울 신	斤 - 총 13획	新入(신입)
神	신 신	示 - 총 10획	神童(신동)
失	잃을 실	大 - 총 5획	失手(실수) 동음이의어 : 實(열매 실), 室(집 실)
愛	사랑 애	心 - 총 13획	愛國(애국), 愛情(애정)
野	들 야	里 - 총 11획	野山(야산), 野球(야구)

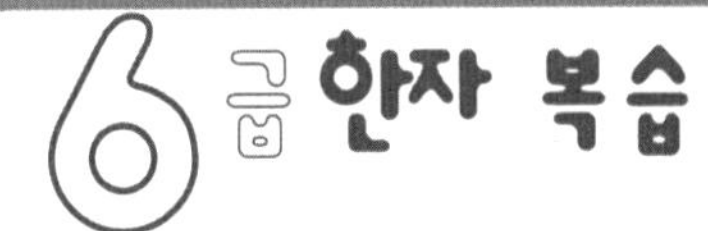

6급 한자 복습

월 일 확인:

빈 칸에 한자를 써 보세요.

한자	뜻·음	부수·획수	낱말	관련어
夜	밤 야	夕 - 총 8획	夜間(야간)	상대 · 반의어 : 晝(낮 주)
弱	약할 약	弓 - 총 10획	弱小國(약소국)	상대 · 반의어 : 强(강할 강)
藥	약 약	++ - 총 19획	藥局(약국), 藥草(약초)	동음이의어 : 約(맺을 약)
洋	큰바다 양	氵/水 - 총 9획	西洋(서양)	
陽	볕 양	阝 - 총 11획	夕陽(석양), 陽地(양지)	
言	말씀 언	言 - 총 7획	言行(언행)	
業	일 업	木 - 총 13획	事業(사업)	
英	꽃부리 영	++ - 총 9획	英才(영재)	
永	길 영	水 - 총 5획	永遠(영원)	

월 일 확인:

빈 칸에 한자를 써 보세요.

한자	따라 쓰기
溫 따뜻할 온	溫
氵/水- 총 13획	溫水(온수), 溫度(온도)
勇 용감할 용	勇
力 - 총 9획	勇氣(용기)
用 쓸 용	用
用 - 총 5획	所用(소용)
運 움직일 운	運
辶 - 총 13획	幸運(행운)
園 동산 원	園
口 - 총 13획	庭園(정원) · 公園(공원)
遠 멀 원	遠
辶 - 총 14획	遠大(원대) 상대 · 반의어 : 近(가까울 근)
由 말미암을 유	由
田 - 총 5획	理由(이유) · 由來(유래) 동음이의어 : 有(있을 유), 油(기름 유)
油 기름 유	油
氵/水- 총 8획	注油所(주유소)
銀 은 은	銀
金 - 총 14획	銀行(은행)

빈 칸에 한자를 써 보세요.

한자	쓰기
音 소리 음	音
音 - 총 9획	高音(고음) · 讀音(독음)
飮 마실 음	飮
食 - 총 13획	飮食(음식)
意 뜻 의	意
心 - 총 13획	意志(의지) · 合意(합의)
醫 의원 의	醫
酉 - 총 18획	醫學(의학) 동음이의어 : 意(뜻 의), 衣(옷 의)
衣 옷 의	衣
衣 - 총 6획	衣服(의복)
者 놈 자	者
老 - 총 9획	記者(기자) 동음이의어 : 子(아들 자), 自(스스로 자)
昨 어제 작	昨
日 - 총 9획	昨年(작년)
作 지을 작	作
人 - 총 7획	作家(작가) 동음이의어 : 昨(어제 작)
章 글 장	章
立 - 총 11획	圖章(도장) 동음이의어 : 長(길 장), 場(마당 장)

6급 한자 복습

월 일 확인:

빈 칸에 한자를 써 보세요.

한자	부수·획수	어휘	관련어
才 재주 재	扌 - 총 3획	天才(천재)	
在 있을 재	土 - 총 6획	現在(현재) · 在學(재학)	동음이의어 : 才(재주 재)
戰 싸울 전	戈 - 총 16획	作爭(작전)	
庭 뜰 정	广 - 총 10획	校庭(교정)	동음이의어 : 正(바를 정), 定(정할 정)
定 정할 정	宀 - 총 8획	安定(안정)	
第 차례 제	⺮ - 총 11획	第一(제일)	
題 제목 제	頁 - 총 18획	主題(주제)	동음이의어 : 弟(아우 제), 第(차례 제)
朝 아침 조	月 - 총 12획	朝夕(조석)	상대 · 반의어 : 夕(저녁 석)
族 겨레 족	方 - 총 11획	家族(가족)	동음이의어 : 足(발 족)

월 일 확인:

빈 칸에 한자를 써 보세요.

한자	훈음	부수 · 획수	낱말	참고
注	물댈 주	水 – 총 8획	注目(주목)	동음이의어 : 主(주인 주), 住(살 주), 晝(낮 주)
晝	낮 주	日 – 총11획	晝間(주간)	상대 · 반의어 : 夜(밤 야)
集	모일 집	隹 – 총 12획	集會(집회)	
窓	창 창	穴 – 총 11획	窓口(창구)	
淸	맑을 청	水 – 총 11획	食堂(식당)	
體	몸 체	骨 – 총 23획	體育(체육)	
親	친할 친	見 – 총 16획	親舊(친구) · 親庭(친정)	
太	클 태	大 – 총 4획	太陽(태양)	
通	통할 통	辶 – 총 11획	通話(통화) · 通路(통로)	

6급 한자 복습

월 일 확인:

빈 칸에 한자를 써 보세요.

한자	훈음	부수 - 총 획수	낱말
特	특별할 특	牛 - 총 10획	特別(특별)
表	겉 표	衣 - 총 8획	表示(표시) · 表面(표면)
風	바람 풍	風 - 총 9획	風車(풍차) · 風聞(풍문)
合	합할 합	口 - 총 6획	合計(합계)
幸	다행 행	干 - 총 8획	多幸(다행) · 不幸(불행)
行	행할 행	行 - 총 6획	行動(행동) · 行軍(행군)
向	향할 향	口 - 총 6획	方向(방향) · 向學(향학)
現	이제/나타날 현	王/玉 - 총 11획	現在(현재)
形	드러날 형	彡 - 총 7획	形體(형체) · 形式(형식) 동음이의어 : 兄(형 형)

빈 칸에 한자를 써 보세요.

號 부를 호	號							
虍 - 총 13획	國號(국호)							
和 화합할 화	和							
口 - 총 8획	調和(조화) · 和答(화답) 동음이의어 : 火(불 화), 花(꽃 화), 畵(그림 화)							
畵 그림 화	畵							
田 - 총 14획	畵家(화가)							
黃 누를 황	黃							
黃 - 총 12획	黃金(황금)							
會 모일 회	會							
日 - 총 13획	會話(회화)							
訓 가르칠 훈	訓							
言 - 총 10획	訓長(훈장) · 訓育(훈육)							

5급 한자 복습

월 일 확인:

빈 칸에 한자를 써 보세요.

한자	훈음	부수 – 총획	낱말	
價	값 가	亻/人 – 총 15획	定價(정가), 價格(가격)	
可	옳을 가	口 – 총 5획	可能(가능), 可決(가결)	
加	더할 가	力 – 총 5획	加算(가산), 加重(가중)	
改	고칠 개	攵 – 총 7획	改善(개선)	동음이의어 : 開(열 개)
客	손 객	宀 – 총 9획	客席(객석), 客車(객차)	상대 · 반의어 : 主(주인 주)
擧	들 거	手 – 총 18획	擧動(거동), 擧事(거사)	동음이의어 : 車(수레 거)
去	갈 거	厶 – 총 5획	過去(과거), 去來(거래)	상대 · 반의어 : 來(올 래)
建	세울 건	廴 – 총 9획	建國(건국), 建設(건설)	동음이의어 : 件(물건 건), 健(굳셀 건)
件	물건 건	亻/人 – 총 6획	物件(물건), 事件(사건)	

월 일 확인:

빈 칸에 한자를 써 보세요.

한자	훈음	부수/총획	낱말	관련어
健	굳셀 건	亻/人 – 총 11획	健全(건전)	
格	격식 격	木 – 총 10획	格言(격언), 合格(합격)	
見	볼 견	見 – 총 7획	見學(견학), 見聞(견문)	유의어 : 觀(볼 관), 示(보일 시)
決	결단할 결	氵/水 – 총 7획	決定(결정), 決心(결심)	
結	맺을 결	糸 – 총 12획	結果(결과), 結末(결말)	
敬	공경 경	攵 – 총 13획	敬老(경로), 敬禮(경례)	
景	볕 경	日 – 총 12획	景觀(경관)	
輕	가벼울 경	車 – 총 14획	輕重(경중), 輕動(경동)	상대 · 반의어 : 重(무거울 중)
競	다툴 경	立 – 총 20획	競技(경기)	유의어 : 爭(다툴 쟁), 戰(싸움 전)

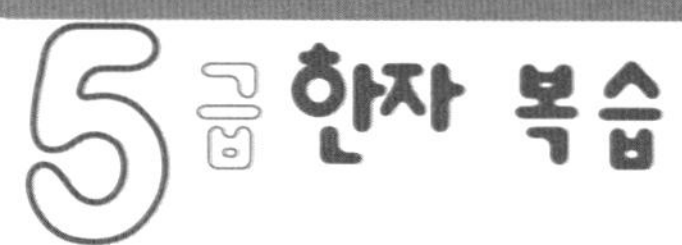

빈 칸에 한자를 써 보세요.

한자	부수·획수	낱말	관련어
告 고할 고	口 - 총 7획	廣告(광고), 告發(고발)	
考 생각할 고	老- 총 6획	思考(사고), 再考(재고)	유의어 : 思(생각 사)
固 굳을 고	口- 총 10획	固定(고정), 固有(고유)	
曲 굽을 곡	日 - 총 6획	曲調(곡조), 作曲(작곡)	
課 공부할/과정 과	言 - 총 15획	日課(일과), 課長(과장)	동음이의어 : 科(과목 과), 果(실과 과)
過 지날/허물 과	⻌ - 총 13획	過去(과거), 過失(과실)	유의어 : 去(갈 거), 失(잃을 실)
關 관계할 관	門- 총 19획	關係(관계), 關門(관문)	
觀 볼 관	見 - 총 25획	觀客(관객), 觀念(관념)	
廣 넓을 광	广 - 총 15획	廣場(광장), 廣告(광고)	동음이의어 : 光(빛 광)

5급 한자 복습

월 일 확인:

빈 칸에 한자를 써 보세요.

한자	훈음	부수 - 획수	낱말	관련어
橋	다리 교	木 - 총 16획	陸橋(육교)	동음이의어 : 交(사귈 교), 校(학교 교)
舊	예 구	臼 - 총 18획	親舊(친구), 舊式(구식)	유의어 : 古(옛 고)
具	갖출 구	八부 - 총 8획	道具(도구), 家具(가구)	
救	구원할 구	攵 - 총 11획	救命(구명), 救國(구국)	
局	판 국	尸 - 총 7획	局面(국면), 局地(국지)	동음이의어 : 國(나라 국)
貴	귀할 귀	貝 - 총 9획	貴下(귀하), 貴重(귀중)	
規	법 규	見 - 총 11획	規格(규격), 規約(규약)	유의어 : 法(법 법), 則(법칙 칙), 式(법 식)
給	줄 급	糸 - 총 12획	給食(급식), 月給(월급)	
己	몸 기	己 - 총 16획	自己(자기), 己未(기미)	

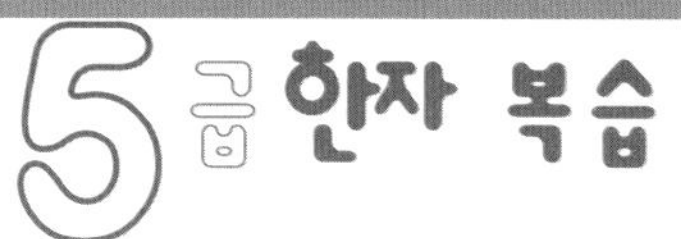

빈 칸에 한자를 써 보세요.

한자	따라 쓰기							
基 터 기	基							
土 - 총 11획	基本(기본), 基金(기금)							
技 재주 기	技							
手 - 총 7획	特技(특기), 球技(구기)				유의어 : 術(재주 술)			
汽 물끓는 김 기	汽							
氵/水 - 총 7획	汽船(기선), 汽車(기차)							
期 기약할 기	期							
月 - 총 12획	期間(기간), 期約(기약)							
吉 길할 길	吉							
口 - 총 6획	吉日(길일)				상대 · 반의어 : 凶(흉할 흉)			
念 생각 념	念							
心 - 총 8획	觀念(관념), 通念(통념)							
能 능할 능	能							
月/肉 - 총 10획	能力(능력), 不能(불능)							
團 둥글 단	團							
口 - 총 14획	團結(단결), 集團(집단)							
壇 단 단	壇							
土 - 총 16획	壇上(단상), 花壇(화단)							

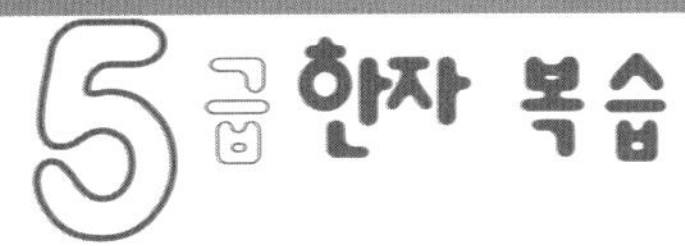
5급 한자 복습

월 일 확인:

빈 칸에 한자를 써 보세요.

한자	뜻과 음	부수 – 총획	낱말	관련어
談	말씀 담	言 – 총 15획	面談(면담), 談話(담화)	유의어 : 語(말씀 어), 話(말씀 화), 說(말씀 설)
當	마땅 당	田 – 총 13획	當然(당연), 當身(당신)	상대 · 반의어 : 落(떨어질 락)
德	큰 덕	彳 – 총 15획	德談(덕담), 道德(도덕)	
到	이를 도	刂/刀 – 총 8획	到着(도착), 到來(도래)	유의어 : 着(붙을 착)
島	섬 도	山 – 총 10획	島民(도민), 半島(반도)	
都	도읍 도	阝/邑 – 총 12획	都市(도시), 都邑(도읍)	
獨	홀로 독	犭/犬 – 총 16획	獨子(독자), 獨立(독립)	
落	떨어질 락/낙	艹 – 총 13획	落下(낙하), 落心(낙심)	
朗	밝을 랑	月 – 총 11획	明朗(명랑), 朗讀(낭독)	

5급 한자 복습

월 일 확인:

빈 칸에 한자를 써 보세요.

한자	부수·획수	예	관련어
冷 찰 랭	冫/氷 - 총 7획	冷情(냉정), 冷水(냉수)	상대·반의어 : 熱(더울 열), 溫(따뜻할 온)
良 어질 량	艮 - 총 7획	善良(선량)	
量 헤아릴 량	里 - 총 12획	分量(분량), 計量(계량)	유의어 : 料(헤아릴 료)
旅 나그네 려	方 - 총 10획	旅行(여행), 旅客(여객)	
歷 지날 력/역	止 - 총 16획	歷史(역사), 歷代(역대)	
練 익힐 련/연	糸 - 총 15획	練習(연습), 訓練(훈련)	유의어 : 習(익힐 습)
領 거느릴 령	頁 - 총 14획	領空(영공), 領海(영해)	동음이의어 : 令(하여금 령)
令 하여금 령	亻/人 - 총 5획	命令(명령)	
勞 일할 로	力 - 총 12획	勞力(노력), 勞苦(노고)	상대·반의어 : 使(부릴 사)

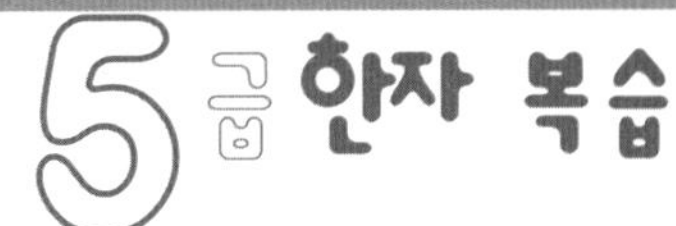
5급 한자 복습

월 일 확인:

빈 칸에 한자를 써 보세요.

한자	훈음	부수 - 획수	낱말	관련어
料	헤아릴 료/요	斗 - 총 10획	料金(요금), 料理(요리)	
類	무리 류	頁 - 총 19획	部類(부류), 人類(인류)	
流	흐를 류	氵/水 - 총 10획	流行(유행), 流水(유수)	
陸	뭍 륙/육	阝/阜 - 총 10획	陸地(육지), 陸軍(육군)	상대 · 반의어 : 海(바다 해)
馬	말 마	馬 - 총 5획	馬夫(마부), 競馬(경마)	
末	끝 말	木 - 총 5획	年末(연말)	유의어 : 終(마칠 종), 卒(마칠 졸)
望	바랄 망	月 - 총 11획	望月(망월), 所望(소망)	
亡	망할 망	亠 - 총 3획	死亡(사망), 亡命(망명)	
賣	팔 매	貝 - 총 15획	賣買(매매), 賣國(매국)	상대 · 반의어 : 買(살 매)

5급 한자 복습

월 일 확인:

빈 칸에 한자를 써 보세요.

한자	훈음	부수 - 획수	용례	상대·반의어 / 유의어
買	살 매	貝 - 총 12획	買入(매입)	상대·반의어 : 賣(팔 매)
無	없을 무	灬/火 - 총 12획	無形(무형), 無能(무능)	상대·반의어 : 有(있을 유)
倍	곱 배	亻/人 - 총 10획	倍加(배가), 倍數(배수)	
法	법 법	氵/水 - 총 8획	無法(무법), 法院(법원)	유의어 : 規(법 규), 則(법칙 칙), 式(법 식)
變	변할 변	言 - 총 23획	變動(변동), 變色(변색)	
兵	병사 병	八 - 총 7획	兵法(병법), 兵士(병사)	유의어 : 卒(병사/마칠 졸)
福	복 복	示 - 총 14획	福音(복음), 福利(복리)	
奉	받들 봉	大 - 총 8획	信俸(신봉)	
比	견줄 비	比 - 총 4획	對比(대비)	

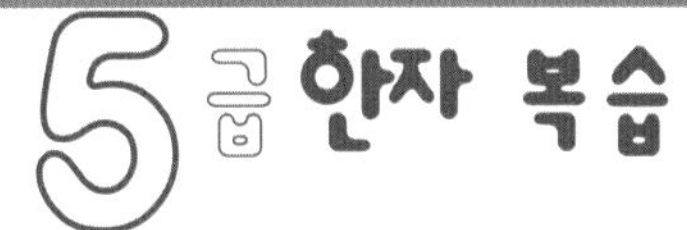

5급 한자 복습

월 일 확인:

빈 칸에 한자를 써 보세요.

한자	쓰기							
鼻 코 비	鼻							
鼻 - 총 14획	鼻音(비음)							
費 쓸 비	費							
貝 - 총 12획	費用(비용), 消費(소비)							
氷 얼음 빙	氷							
水 - 총 5획	氷河(빙하), 氷山(빙산)							
仕 섬길 사	仕							
亻/人 - 총 5획	奉仕(봉사), 出仕(출사)				비슷한 모양의 한자 : 任(맡길 임)			
士 선비 사	士							
士 - 총 3획	名士(명사), 士林(사림)				비슷한 모양의 한자 : 土(흙 토)			
史 사기 사	史							
口 - 총 5획	史書(사서), 史記(사기)							
思 생각 사	思							
心 - 총 9획	思考(사고), 意思(의사)							
寫 베낄 사	寫							
宀 - 총 9획	寫本(사본), 筆寫(필사)							
査 조사할 사	査							
木 - 총 15획	調査(조사), 內査(내사)							

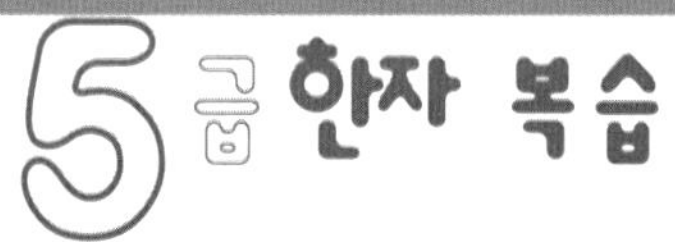

5급 한자 복습

빈 칸에 한자를 써 보세요.

한자	쓰기							
産 낳을 산	産							
生 - 총 11획	産母(산모), 産後(산후)				유의어 : 生(날 생)			
相 서로 상	相							
目 - 총 9획	相對(상대)							
商 장사 상	商							
口 - 총 11획	商業(상업), 商高(상고)							
賞 상줄 상	賞							
貝- 총 15획	賞金(상금), 入賞(입상)							
序 차례 서	序							
广 - 총 7획	序文(서문), 順序(순서)				유의어 : 第(차례 제)			
仙 신선 선	仙							
亻/人 - 총 5획	神仙(신선), 仙女(선녀)							
鮮 고울 선	鮮							
魚 - 총 17획	生鮮(생선), 新鮮(신선)							
善 착할 선	善							
口 - 총 12획	善行(선행), 親善(친선)				상대 · 반의어 : 惡(악할 악)			
船 배 선	船							
舟 - 총 11획	船主(선주), 船長(선장)							

월 일 확인:

빈 칸에 한자를 써 보세요.

한자	따라 쓰기							
選 가릴 선	選							
辶 - 총 16획	選出(선출), 選擧(선거)							
說 말씀 설/달랠 세/기쁠 열	說							
言 - 총 14획	說明(설명)				유의어 : 話(말씀 화), 談(말씀 담), 語(말씀 어)			
性 성품 성	性							
忄/心 - 총 8획	性格(성격), 天性(천성)							
歲 해 세	歲							
止 - 총 13획	歲月(세월), 年歲(연세)				유의어 : 年(해 년)			
洗 씻을 세	洗							
氵/水 - 총 9획	洗面(세면)							
束 묶을 속	束							
木 - 총 7획	束手(속수)							
首 머리 수	首							
首 - 총 9획	首相(수상), 首都(수도)				유의어 : 頭(머리 두)			
宿 잘 숙/별자리 수	宿							
宀 - 총 11획	宿所(숙소), 宿命(숙명)							
順 순할 순	順							
頁 - 총 12획	順理(순리), 順序(순서)							

월 일 확인:

빈 칸에 한자를 써 보세요.

한자	훈음	부수·획수	용례	관련어
示	보일 시	示 - 총 5획	告示(고시), 訓示(훈시)	유의어 : 見(볼 견)
識	알 식/가르칠 지	言 - 총 19획	有識(유식), 識別(식별)	유의어 : 知(알 지)
臣	신하 신	臣 - 총 6획	臣下(신하), 功臣(공신)	
實	열매 실	宀 - 총 14획	果實(과실), 實名(실명)	유의어 : 果(실과 과)
兒	아이 아	儿 - 총 8획	兒童(아동), 小兒(소아)	유의어 : 童(아이 동)
惡	악할 악/미워할 오	心 - 총 12획	善惡(선악)	상대 · 반의어 : 善(착할 선)
案	책상 안	木 - 총 10획	案件(안건), 考案(고안)	동음이의어 : 安(편안할 안)
約	맺을 약	糸 - 총 9획	約束(약속), 約定(약정)	동음이의어 : 弱(약할 약), 藥(약 약)
養	기를 양	食 - 총 15획	養育(양육), 養子(양자)	유의어 : 育(기를 육)

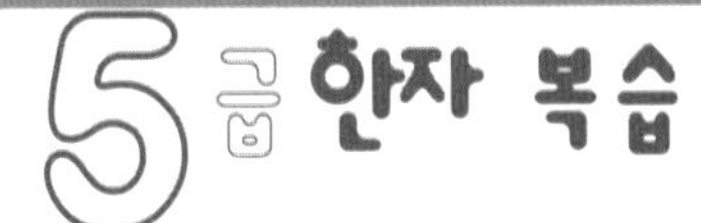

5급 한자 복습

월 일 확인:

빈 칸에 한자를 써 보세요.

한자	훈음	부수 – 획수	예	관련어
魚	고기/물고기 어	魚 – 총 11획	魚物(어물), 魚類(어류)	동음이의어 : 語(말씀 어)
漁	고기잡을 어	氵/水 – 총 14획	漁夫(어부), 漁場(어장)	
億	억 억	亻/人 – 총 15획	億年(억년)	
熱	더울 열	灬/火 – 총 15획	熱望(열망), 熱氣(열기)	상대 · 반의어 : 寒(찰 한), 冷(찰 랭)
葉	잎 엽	艹 – 총 13획	落葉(낙엽), 中葉(중엽)	
屋	집 옥	尸 – 총 9획	屋上(옥상), 家屋(가옥)	유의어 : 家(집 가), 室(집 실), 宅(집 택/댁)
完	완전할 완	宀 – 총 7획	完決(완결), 完全(완전)	유의어 : 全(온전 전)
要	요긴할 요	襾 – 총 9획	重要(중요), 要件(요건)	
曜	빛날 요	日 – 총 18획	曜日(요일), 日曜日(일요일)	

5급 한자 복습

월 일 확인:

빈 칸에 한자를 써 보세요.

한자	훈·음	부수·획수	따라 쓰기	낱말	참고
浴	목욕할 욕	氵/水 - 총 10획	浴	浴室(욕실), 溫浴(온욕)	
雨	비 우	雨 - 총 8획	雨	雨期(우기), 雨衣(우의)	
友	벗 우	又 - 총 4획	友	友情(우정), 交友(교우)	
牛	소 우	牛 - 총 4획	牛	牛車(우차), 牛馬(우마)	비슷한 모양의 한자 : 午(낮 오)
雲	구름 운	雨 - 총 12획	雲	雲集(운집), 雲海(운해)	
雄	수컷 웅	隹 - 총 12획	雄	雄大(웅대), 英雄(영웅)	
元	으뜸 원	儿 - 총 4획	元	元氣(원기), 元首(원수)	동음이의어 : 園(동산 원)
願	원할 원	頁 - 총 19획	願	願書(원서), 念願(염원)	
原	언덕 원	厂 - 총 10획	原	原本(원본), 原理(원리)	

월 일 확인:

빈 칸에 한자를 써 보세요.

한자								
院 집 원	院							
阝 - 총 10획	病院(병원), 院長(원장)			동음이의어 : 源(근원 원), 圓(둥글 원)				
偉 클 위	偉							
亻/人 - 총 11획	偉人(위인), 偉大(위대)			유의어 : 大(큰 대)				
位 자리 위	位							
亻/人 - 총 7획	順位(순위), 方位(방위)							
以 써 이	以							
人 - 총 5획	以上(이상), 所以(소이)							
耳 귀 이	耳							
耳 - 총 6획	耳目(이목)							
因 인할 인	因							
口 - 총 6획	原因(원인), 因習(인습)							
任 맡길 임	任							
亻/人 - 총 6획	任命(임명)							
財 재물 재	財							
貝 - 총 10획	財産(재산), 財物(재물)							
材 재목 재	材							
木 - 총 7획	材料(재료), 教材(교재)							

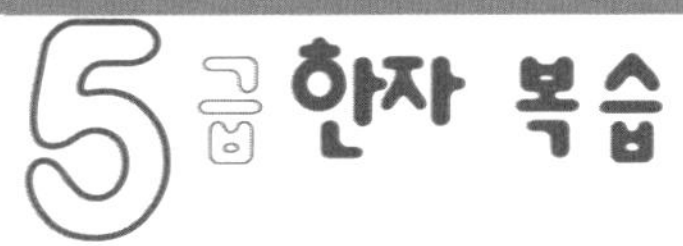

5급 한자 복습

월 일 확인:

빈 칸에 한자를 써 보세요.

한자	훈음	부수 - 총획	낱말	관련어
災	재앙 재	火 - 총 7획	火災(화재), 天災(천재)	동음이의어 : 才(재주 재), 財(재물 재), 在(있을 재)
再	두 재	冂 - 총 6획	再建(재건), 再考(재고)	
爭	다툴 쟁	爪 - 총 8획	戰爭(전쟁), 競爭(경쟁)	유의어 : 競(다툴 경), 戰(싸움 전)
貯	쌓을 저	貝 - 총 12획	貯金(저금), 貯水(저수)	
的	과녁 적	白 - 총 8획	公的(공적), 的中(적중)	
赤	붉을 적	赤 - 총 7획	赤旗(적기), 赤色(적색)	상대 · 반의어 : 靑(푸를 청)
典	법 전	八 - 총 8획	法典(법전)	
傳	전할 전	亻/人 - 총 13획	口傳(구전), 傳說(전설)	동음이의어 : 前 (앞 전), 電 (번개 전), 全 (온전 전)
展	펼 전	尸 - 총 10획	展示(전시), 展望(전망)	동음이의어 : 戰 (싸움 전), 典 (법 전), 傳 (전할 전)

5급 한자 복습

월 일 확인:

빈 칸에 한자를 써 보세요.

한자	부수·획수	쓰기	낱말	참고
節 마디 절	竹 – 총 15획	節	關節(관절), 節約(절약)	
切 끊을 절/온통 체	刀 – 총 9획	切	一切(일체)	동음이의어 : 節 (마디 절)
店 가게 점	广 – 총 18획	店	書店(서점)	비슷한 모양의 한자 : 席 (자리 석)
情 뜻 정	心 – 총 11획	情	感情(감정), 友情(우정)	비슷한 모양의 한자 : 青 (푸를 청), 淸 (맑을 청)
停 머무를 정	亻/人 – 총 11획	停	停車(정차), 停止(정지)	유의어 : 止 (그칠 지)
調 고를 조	言 – 총 15획	調	曲調(곡조), 調節(조절)	동음이의어 : 祖 (할아버지 조), 朝 (아침 조)
操 잡을 조	扌/手부 – 총 16획	操	操身(조신), 操心(조심)	동음이의어 : 調 (고를 조)
卒 마칠 졸	十 – 총 8획	卒	卒兵(졸병), 卒業(졸업)	유의어 : 終 (마칠 종)
種 씨 종	禾 – 총 14획	種	種類(종류), 種子(종자)	

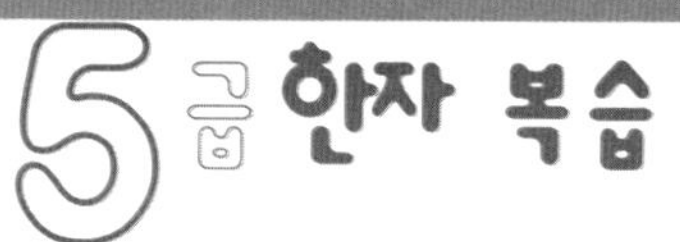

빈 칸에 한자를 써 보세요.

한자	예시							
終 마칠 종	終							
糸/水 - 총 11획	終結(종결), 始終(시종)				상대 · 반의어 : 始 (비로소 시)			
罪 허물 죄	罪							
罒 - 총 13획	罪目(죄목), 罪科(죄과)							
週 주일 주	週							
辶 - 총 12획	週末(주말), 週日(주일)				동음이의어 : 住 (살 주), 注 (물댈 주), 晝 (낮 주)			
州 고을 주	州							
巛 - 총 6획	州郡(주군), 光州(광주)				비슷한 모양의 한자 : 川 (내 천)			
知 알 지	知							
矢 - 총 8획	知識(지식), 知性(지성)				유의어 : 識 (알 식)			
止 그칠 지	止							
止 - 총 4획	中止(중지), 停止(정지)				유의어 : 停(머무를 정)			
質 바탕 질	質							
貝 - 총 15획	性質(성질), 人質(인질)							
着 붙을 착	着							
目- 총 12획	到着(도착), 着地(착지)							
參 참여할 참/석 삼	參							
厶- 총 11획	參考(참고), 參加(참가)							

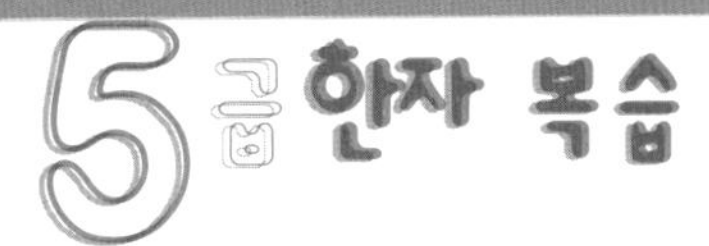
5급 한자 복습

월 일 확인:

빈 칸에 한자를 써 보세요.

한자	뜻·음	부수·획수	낱말	유의어
唱	부를 창	口 – 총 11획	合唱(합창), 獨唱(독창)	
責	꾸짖을 책	貝 – 총 11획	責任(책임), 責望(책망)	
鐵	쇠 철	金 – 총 21획	鐵橋(철교), 鐵馬(철마)	
初	처음 초	刀 – 총 7획	始初(시초), 初代(초대)	유의어 : 始 (비로소 시)
最	가장 최	日– 총 12획	最高(최고), 最善(최선)	
祝	빌 축	示 – 총 10획	祝歌(축가), 祝福(축복)	유의어 : 福 (복 복)
充	채울 충	儿 – 총 6획	充分(충분), 充實(충실)	
致	이를 치	至 – 총 10획	景致(경치), 致死(치사)	
則	법칙 칙/곧 즉	刀 – 총 9획	法則(법칙), 規則(규칙)	

빈 칸에 한자를 써 보세요.

한자	훈음	부수 – 획수	낱말	참고
打	칠 타	扌/手부 – 총 5획	打者(타자), 打令(타령)	
他	다를 타	亻/人 – 총 5획	他人(타인), 出他(출타)	동음이의어 : 打 (칠 타)
卓	높을 탁	十 – 총 8획	卓子(탁자), 食卓(식탁)	
炭	숯 탄	火 – 총 9획	木炭(목탄), 石炭(석탄)	
宅	집 택/댁	宀 – 총 6획	住宅(주택), 宅地(택지)	
板	널 판	木 – 총 8획	木板(목판), 氷板(빙판)	비슷한 모양의 한자 : 材 (재목 재)
敗	패할 패	攵 – 총 11획	敗北(패배), 勝敗(승패)	상대 · 반의어 : 勝 (이길 승)
品	물건 품	口 – 총 9획	品質(품질), 品格(품격)	
必	반드시 필	心 – 총 5획	必要(필요), 必勝(필승)	비슷한 모양의 한자 : 心 (마음 심)

월 일 확인:

빈 칸에 한자를 써 보세요.

한자	훈음	부수 - 획수	용례	관련어
筆	붓 필	竹 - 총 12획	筆記(필기), 筆談(필담)	동음이의어 : 必 (반드시 필)
河	물 하	氵 - 총 8획	河川(하천), 河口(하구)	유의어 : 江 (강 강)
寒	찰 한	宀 - 총 12획	寒冷(한랭), 寒天(한천)	상대 · 반의어 : 溫 (따뜻할 온)
害	해할 해	宀 - 총 10획	害惡(해악), 風害(풍해)	상대 · 반의어 : 利 (이로울 리)
許	허락할 허	言 - 총 11획	許可(허가), 特許(특허)	
湖	호수 호	水 - 총 12획	湖水(호수), 江湖(강호)	동음이의어 : 號 (부를 호)
化	될 화	匕 - 총 4획	變化(변화), 敎化(교화)	동음이의어 : 火 (불 화), 花 (꽃 화), 話 (말씀 화)
患	근심 환	心 - 총 9획	後患(후환), 病患(병환)	
效	본받을 효	攵 - 총 10획	效果(효과), 效用(효용)	동음이의어 : 孝 (효도 효)

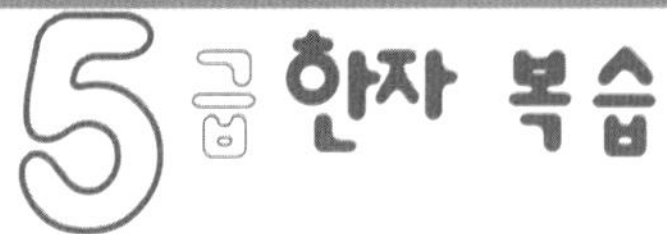
5급 한자 복습

월 일 확인:

빈 칸에 한자를 써 보세요.

凶 흉할 흉	凶							
凵 - 총 4획	吉凶(길흉), 凶年(흉년)			상대 · 반의어 : 吉 (길할 길)				
黑 검을 흑	黑							
黑 - 총 12획	黑白(흑백), 黑心(흑심)			상대 · 반의어 : 白 (흰 백)				

5급

급수한자가 제공하는 한자능력검정시험 대비

모의 한자능력검정시험

▶ 모의 한자능력검정시험을 보기 전에 꼭 읽어 보세요!

1. 모의 한자능력검정시험은 **5급 쉽게 따는 급수한자**를 완전히 학습한 후에 실제 시험에 임하는 자세로 풀어 보세요. 특히 각 단원의 마무리 학습을 통해 5급과정의 한자를 충분히 학습하세요.
2. 실제 한자능력검정시험 5급은 100문제이며, 시험 시간은 50분입니다. 가능하면 실제 시험과 동일한 조건에서 문제를 풀 수 있도록 하세요.
3. 모의 한자능력검정시험의 답은 첨부된 실제 검정시험과 동일한 형식의 답안지에 검정색 필기도구로 표기하세요.
4. **5급 쉽게 따는 급수한자**가 제공하는 모의 한자능력검정시험의 문제 유형은 실제 검정시험과 동일하므로 하루에 1회씩 3번에 걸쳐 모의 시험 경험을 쌓는다면 실제 시험에 임할 때 많은 도움이 될 것입니다.
5. 채점은 가능하면 부모님께서 해 주시고, 틀린 부분을 철저히 분석하여 충분한 보충 학습 후 실제 시험에 응시할 수 있게 하세요.
6. 모의 한자능력검정시험의 채점 결과를 통해 평가할 수 있는 내용은 다음과 같습니다.

등급	5급 정답수	평가	한자능력검정시험
A	91~100	아주 잘함	축하합니다. 꼭 합격하실 거예요.
B	81~90	잘함	열심히 공부하셨어요.
C	71~80	보통	본 교재를 한번 더 복습하세요.
D	70이하	부족함	많이 노력해야 해요.

※ 5급 합격 문항은 70문항입니다.

第1回 漢字能力儉定試驗 5級

① 다음 漢字語의 讀音을 쓰세요. (1~35)

<보기> 天地 ⇨ 천지

1. 參加
2. 國歌
3. 救出
4. 空間
5. 大量
6. 學校
7. 領土
8. 電氣
9. 馬夫
10. 祖上
11. 氷雪
12. 新聞
13. 魚類
14. 地球
15. 原料
16. 赤道
17. 會長
18. 祝福
19. 感氣
20. 擧動
21. 時計
22. 命令
23. 學費
24. 曜日
25. 競爭
26. 無效
27. 最善

28. 失敗

29. 特許

30. 落心

31. 貯金

32. 韓牛

33. 氷板

34. 患者

35. 健全

② 다음 漢字의 訓과 音을 쓰세요. (36~58)

<보기> 天 ⇨ 하늘 천

36. 改	37. 景
38. 輕	39. 選
40. 序	41. 氷
42. 倍	43. 領
44. 案	45. 漁
46. 汽	47. 待
48. 料	49. 禮
50. 加	51. 遠
52. 救	53. 朝
54. 再	55. 使
56. 致	57. 姓
58. 湖	

③ 다음 밑줄 친 단어에 알맞은 漢字語를 쓰세요. (59~78)

59. 우리 학교는 시골에 있다.

60. 걸리버는 소인들이 사는 나라에 갔다.

61. 누구나 노인이 되기 마련이다.

62. 동생은 늘 열심히 공부한다.

63. 이번 여름방학에는 동해에 놀러갈 것이다.

64. 교복을 공동으로 구매하였다.

65. 아무도 공부를 대신할 수는 없다.

66. 드디어 프로 야구가 시작하였다.

67. 정원에는 가지각색의 꽃이 피었다.

68. 사람들은 과정이 공정하여야 결과를 받아들일 수 있다.

69. 점심시간인데도 식당은 한가하였다.

70. 이 책은 어른이 읽어도 재미있는 동화책이다.

71. 아름다운 음악이 흘러나왔다.

72. 이렇게 늦게 온 이유가 뭐니?

73. 저는 그 의견에 반대합니다!

74. 우리나라 최초의 인공위성 발사가 성공하였음을 발표하였다.

75. 그는 말을 직선적으로 하였다.

76. 나는 미술시간이 가장 즐겁다.

77. 한 달 후 한통의 서신을 받았다.

78. 신체적 능력에 따라 운동의 강도를 달리한다.

4 다음 漢字의 상대 또는 반의어를 골라 번호를 쓰세요.(79~81)

79. 言 ⇨ ① 特 ② 行 ③ 語 ④ 速

80. 去 ⇨ ① 來 ② 可 ③ 河 ④ 下

81. 冷 ⇨ ① 夕 ② 寒 ③ 冬 ④ 溫

5 ( )에 들어갈 알맞은 漢字를 보기에서 고르세요.(82~85)

<보기> ① 落 ② 汽 ③ 變 ④ 可 ⑤ 島 ⑥ 無 ⑦ 雄 ⑧ 考 ⑨ 友 ⑩ 災

82. 不問(　　)知(묻지 않아도 알 수 있음)

83. 天(　　)地變(지진이나 홍수처럼 자연현상에 의한 재앙)

84. 有口(　　)言(입은 있지만 변명이나 항변할 말이 없다)

85. (　　)心千萬(바라던 일이 안되어 마음이 몹시 상함)

6 다음 漢字와 뜻이 비슷한 漢字를 골라 번호를 쓰세요.(86~88)

86. 件 ⇨ ① 在 ② 物 ③ 再 ④ 財

87. 談 ⇨ ① 話 ② 和 ③ 畵 ④ 火

88. 位 ⇨ ① 度 ② 都 ③ 島 ④ 席

7 다음 漢字와 音은 같으나 뜻이 다른 漢字를 고르세요.(89~91)

89. 賞 ⇨ ① 加 ② 相 ③ 落 ④ 樂

90. 選 ⇨ ① 身 ② 鐵 ③ 産 ④ 善

91. 牛 ⇨ ① 友 ② 熱 ③ 然 ④ 價

8 다음의 뜻에 어울리는 한자를 보기에서 고르세요.(92~94)

<보기> ① 意思 ② 考古 ③ 亡身 ④ 對比 ⑤ 救國

92. 유적이나 유물로 옛날의 역사를 연구함

93. 위기에 처한 나라를 구함

94. 언행 등을 잘못하여 명예를 손상함

9 다음 漢字의 필순을 알아보세요.(95~97)

95. 考(생각할 고)자에서 화살표가있는 획은 몇 번째로 쓰나요?

96. 加(더할 가)자에서 화살표가 있는 획은 몇 번째로 쓰나요?

97. 漢字의 필순이 잘못된 것을 고르세요.

① 根根根根根根根根根根

② 具具具具具具具具

③ 曲曲曲曲曲曲

④ 汽汽汽汽汽汽汽

10 다음 漢字의 略字(획수를 줄인 漢字)를 쓰세요.(98~100)

98. 國

99. 寫

100. 氣

모의 한자능력검정시험 제2회

第2回 漢字能力儉定試驗 5級

1 다음 漢字語의 讀音을 쓰세요.(1~35)

<보기> 天地 ⇨ 천지

1. 參考
2. 韓國
3. 法規
4. 正午
5. 浴室
6. 靑色
7. 原因
8. 前後
9. 他國
10. 自然
11. 景致
12. 始作
13. 始終
14. 勇氣
15. 罪人
16. 答紙
17. 屋上
18. 石油
19. 輕重
20. 速度
21. 曲線
22. 鼻音
23. 再生
24. 石炭
25. 葉書
26. 賣買
27. 汽車

28. 發給

29. 建物

30. 雄大

31. 獨島

32. 吉凶

33. 合唱

34. 最初

35. 湖水

2 다음 漢字의 訓과 音을 쓰세요.(36~58)

<보기> 天 ⇨ 하늘 천

36. 建
37. 都
38. 賞
39. 查
40. 爭
41. 願
42. 可
43. 停
44. 許
45. 終
46. 卓
47. 術
48. 止
49. 運
50. 祝
51. 第
52. 因
53. 公
54. 赤
55. 理
56. 壇
57. 部
58. 貴

3 다음 밑줄 친 단어에 알맞은 漢字語를 쓰세요.(59~78)

59. 내 생일에 친구들을 많이 초대하였다.
60. 급수한자시험에 합격하여 부모님에게 칭찬을 받았다.
61. 시간을 아껴야 후회가 없다.
62. 추석에 친척들이 전부 모였다.
63. 화장실에 휴지가 없었다.
64. 그는 어렸을 적 신동이라는 소리를 들을 정도로 똑똑했다.
65. 이 일에 우리 사업의 운명이 달려있다.
66. 아무리 좋은 방법도 실천하지 않으면 소용없는 것이다.
67. 네 잎 클로버는 행운의 상징이다.
68. 요즈음은 음식이 귀한 것을 잘 모르

는 학생들이 있다.

69. 말은 이기기위해서 하는 것이 아니라 합의하기 위해서 하는 것이다.

70. 작년보다 키가 5cm나 더 컸다.

71. 즐기는 사람이 바로 천재이다.

72. 어떤 과목을 공부하던지 한 단원의 주제를 파악하는 것이 중요하다.

73. 자 모두들 주목!

74. 현재를 즐겨야 미래에도 즐길 수 있다.

75. 영어회화시간에 사용할 영어 닉네임을 지었다.

76. 감정대로만 행동하면 곤란한 일을 겪게 된다.

77. 할아버지는 1960년대에 상경하셨다.

78. 백성은 나라의 근본이다.

4 다음 漢字의 상대 또는 반의어를 보기에서 골라 번호를 쓰세요. (79~81)

<보기> ① 福 ② 比 ③ 凶 ④ 有 ⑤ 選
⑥ 船 ⑦ 惡 ⑧ 樂 ⑨ 先 ⑩ 熱

79. 吉

80. 無

81. 善

5 ( )에 들어갈 알맞은 漢字를 보기에서 고르세요. (82~85)

<보기> ① 魚 ② 漁 ③ 給 ④ 氷 ⑤ 永
⑥ 江 ⑦ 强 ⑧ 善 ⑨ 惡 ⑩ 惡

82. 自(　　　)自足(자기에게 필요한 것을 스스로 충당함)

83. (　　　)山一角(대부분 숨겨져 있고 극히 일부만 드러나 있음)

84. 弱肉(　　　)食(약한 것이 강한 것에 먹힌다는 뜻)

85. (　　　)父之利(어부의 이익, 둘이 다투는 사이에 제3자가 이득을 취함)

6 다음 漢字와 뜻이 비슷한 漢字를 보기에서 골라 번호를 쓰세요. (86~88)

<보기> ① 完 ② 番 ③ 要 ④ 法 ⑤ 曲
⑥ 曜 ⑦ 實 ⑧ 室 ⑨ 操 ⑩ 鐵

86. 規

87. 序

88. 屋

7 다음 漢字와 音은 같으나 뜻이 다른 漢字를 보기에서 고르세요.(89~91)

<보기> ① 馬 ② 人 ③ 雨 ④ 漢 ⑤ 寫
⑥ 量 ⑦ 領 ⑧ 汽 ⑨ 倍 ⑩ 無

89. 因

90. 寒

91. 期

8 다음의 뜻에 어울리는 한자를 보기에서 고르세요..(92~94)

<보기> ① 家屋 ② 完成 ③ 英雄
④ 選出 ⑤ 順位

92. 여럿 가운데서 골라냄

93. 사람이 사는 집

94. 완전히 다 이룸

9 다음 漢字의 필순을 알아보세요.(95~97)

95. 健(굳셀 건)자에서 화살표가 있는 획은 몇 번째로 쓰나요?

96. 比(견줄 비)자에서 화살표가 있는 획은 몇 번째로 쓰나요?

97. 漢字의 필순이 잘못된 것을 고르세요.

① 兒 兒 兒 兒 兒 兒 兒 兒

② 位 位 位 位 位 位 位

③ 耳 耳 耳 耳 耳 耳

④ 赤 赤 赤 赤 赤 赤 赤

10 다음 漢字의 略字(획수를 줄인 漢字)를 쓰세요.(98~100)

98. 擧

99. 賣

100. 獨

第3回 漢字能力儉定試驗 5級

1 다음 漢字語의 讀音을 쓰세요.(1~35)

<보기> 天地 ⇨ 천지

1. 法院　2. 所重
3. 週末　4. 直立
5. 首都　6. 家長
7. 寒冷　8. 農事
9. 初期　10. 休日
11. 鐵道　12. 藥草
13. 黑心　14. 科學
15. 災害　16. 發表
17. 氷河　18. 角度
19. 考案　20. 韓服
21. 競技　22. 民願
23. 過熱　24. 原則
25. 選出　26. 風景
27. 操心　28. 對比
29. 飮料　30. 入賞
31. 漁船　32. 短期
33. 可能　34. 順位
35. 完成

2 다음 漢字의 訓과 音을 쓰세요.(36~58)

<보기> 天 ⇨ 하늘 천

36. 去　37. 固
38. 件　39. 吉
40. 賣　41. 善
42. 原　43. 則
44. 熱　45. 寒

46. 曜　　47. 時

48. 耳　　49. 面

50. 旗　　51. 雄

52. 愛　　53. 魚

54. 在　　55. 思

56. 完　　57 太

58. 初

③ 다음 밑줄 친 단어에 알맞은 漢字語를 쓰세요.(59~78)

59. 남산에는 외국인들이 많이 온다.

60. 오늘은 외삼촌댁에 놀러갔다.

61. 봄이 되자 등산을 하는 사람들이 부쩍 늘었다.

62. 행사장에 500명 내외의 사람들이 올 것으로 예상하였다.

63. 가장 열심히 하는 과목은 수학이다.

64. 축제 때 무엇을 할 것인지 이번 주 학급회의에서 결정하자!

65. 드디어 그 마라톤 선수는 선두로 나섰다.

66. 선생님이 번호를 부르자 학생들이 차례대로 나왔다.

67. 직업에 있어 남녀의 구별이 점차 사라지고 있다.

68. 사용한 물건은 제자리에 갖다 놔라!

69. 할머니는 손자들을 더 자주 보기를 바랐다.

70. 이윽고 멀리서 승리의 나팔소리가 울려 퍼졌다.

71. 석양에 번 봉우리는 자줏빛이 되어 갔다.

72. 자신이 한 언행에 반드시 책임을 지어야 한다.

73. 저녁을 먹고 공원을 산책하는 것이 습관이다.

74. 석유는 무한한 자원이 아니다.

75. 안전은 사고가 없는 것이고 안정은 일정한 상태를 유지하는 것이다.

76. 눈부신 태양이 수평선위로 떠오르

기 시작하였다.

77. 방향이 잘 못되면 아무리 열심히 해도 소용없다.

78. 옛날에는 후추가 황금만큼이나 귀했다.

④ 다음 漢字의 상대 또는 반의어를 골라 번호를 쓰세요.(79~81)

79. 爭 ⇨ ① 和 ② 花 ③ 火 ④ 話

80. 初 ⇨ ① 草 ② 終 ③ 祝 ④ 板

81. 近 ⇨ ① 東 ② 原 ③ 園 ④ 遠

⑤ ( )에 들어갈 알맞은 漢字를 보기에서 고르세요.(82~85)

<보기> ① 加 ② 輕 ③ 李 ④ 耳 ⑤ 利 ⑥ 他 ⑦ 打 ⑧ 答 ⑨ 考 ⑩ 古

82. 馬(　　)東風(말의 귀에 동풍, 즉 남의 의견 등을 귀담아 듣지 않음)

83. 利害(　　)算(이해관계를 꼼꼼히 따져봄)

84. 東問西(　　)(질문과 상관없는 엉뚱한 대답)

85. 東西(　　)今(동양과 서양, 옛날과 지금 모두를 통틀어)

⑥ 다음 漢字와 뜻이 비슷한 漢字를 골라 번호를 쓰세요.(86~88)

86. 致 ⇨ ① 到 ② 敬 ③ 固 ④ 給

87. 考 ⇨ ① 基 ② 期 ③ 念 ④ 都

88. 景 ⇨ ① 賣 ② 陽 ③ 賞 ④ 商

⑦ 다음 漢字와 音은 같으나 뜻이 다른 漢字를 고르세요.(89~91)

89. 亡 ⇨ 1)望 2)終 3)唱 4)打

90. 願 ⇨ 1)他 2)原 3)炭 4)卓

91. 再 ⇨ 1)罪 2)許 3)球 4)財

⑧ 다음의 뜻에 어울리는 한자를 보기에서 고르세요.(92~94)

<보기> ① 言爭 ② 許可 ③ 再建
④ 鐵道 ⑤ 鐵則

92. 허물어진 건물이나 조직 등을 다시 일으켜 세움

93. 말다툼

94. 반드시 지켜야 하거나 어길 수 없는 법칙

9 다음 漢字의 필순을 알아보세요. (95~97)

95. 無 (없을 무)자에서 화살표가 있는 획은 몇 번째로 쓰나요?

96. 原 (언덕 원)자에서 화살표가 있는 획은 몇 번째로 쓰나요?

97. 漢字의 필순이 잘못된 것을 고르세요.

① 惡惡惡惡惡惡惡惡惡惡惡惡

② 魚魚魚魚魚魚魚魚魚魚魚魚

③ 首首首首首首首首首

④ 爭爭爭爭爭爭爭爭

10 다음 漢字의 略字(획수를 줄인 漢字)를 쓰세요. (98~100)

98. 爭

99. 鐵

100. 畵

※ 5급 과정을 모두 마친 다음에 모의고사 답울 이 곳에 기재하세요.

수험번호 □□□-□□-□□□□ 성명 □□□□□

주민등록번호 □□□□□□-□□□□□□□ ※유성 싸인펜, 붉은색 필기구 사용 불가.

※답안지는 컴퓨터로 처리되므로 구기거나 더럽히지 마시고, 정답 칸 안에만 쓰십시오.
글씨가 채점란으로 들어오면 오답처리가 됩니다.

제 1회 한자능력검정시험 5급 답안지(1)

답안지		채점란		답안지		채점란		답안지		채점란	
번호	정답	1검	2검	번호	정답	1검	2검	번호	정답	1검	2검
1				17				33			
2				18				34			
3				19				35			
4				20				36			
5				21				37			
6				22				38			
7				23				39			
8				24				40			
9				25				41			
10				26				42			
11				27				43			
12				28				44			
13				29				45			
14				30				46			
15				31				47			
16				32				48			

감독위원	채점위원(1)		채점위원(2)		채점위원(3)	
(서명)	(득점)	(서명)	(득점)	(서명)	(득점)	(서명)

※본 답안지는 컴퓨터로 처리되므로 구기거나 더럽혀지지 않도록 조심하시고 글씨를 칸 안에 또박또박 쓰십시오.

제 1회 한자능력검정시험 5급 답안지(2)

답 안 지		채점란		답 안 지		채점란		답 안 지		채점란	
번호	정 답	1검	2검	번호	정 답	1검	2검	번호	정 답	1검	2검
49				67				85			
50				68				86			
51				69				87			
52				70				88			
53				71				89			
54				72				90			
55				73				91			
56				74				92			
57				75				93			
58				76				94			
59				77				95			
60				78				96			
61				79				97			
62				80				98			
63				81				99			
64				82				100			
65				83							
66				84							

※ 5급 과정을 모두 마친 다음에 모의고사 답을 이 곳에 기재하세요.

수험번호 □□□-□□-□□□□□ 성명 □□□□□

주민등록번호 □□□□□□-□□□□□□□ ※유성 싸인펜, 붉은색 필기구 사용 불가.

※답안지는 컴퓨터로 처리되므로 구기거나 더럽히지 마시고, 정답 칸 안에만 쓰십시오.
글씨가 채점란으로 들어오면 오답처리가 됩니다.

제 2회 한자능력검정시험 5급 답안지(1)

답 안 지		채점란		답 안 지		채점란		답 안 지		채점란	
번호	정 답	1검	2검	번호	정 답	1검	2검	번호	정 답	1검	2검
1				17				33			
2				18				34			
3				19				35			
4				20				36			
5				21				37			
6				22				38			
7				23				39			
8				24				40			
9				25				41			
10				26				42			
11				27				43			
12				28				44			
13				29				45			
14				30				46			
15				31				47			
16				32				48			

감 독 위 원	채 점 위 원 (1)		채 점 위 원 (2)		채 점 위 원 (3)	
(서명)	(득점)	(서명)	(득점)	(서명)	(득점)	(서명)

※본 답안지는 컴퓨터로 처리되므로 구기거나 더럽혀지지 않도록 조심하시고 글씨를 칸 안에 또박또박 쓰십시오.

제 2회 한자능력검정시험 5급 답안지(2)

답 안 지		채점란		답 안 지		채점란		답 안 지		채점란	
번호	정 답	1검	2검	번호	정 답	1검	2검	번호	정 답	1검	2검
49				67				85			
50				68				86			
51				69				87			
52				70				88			
53				71				89			
54				72				90			
55				73				91			
56				74				92			
57				75				93			
58				76				94			
59				77				95			
60				78				96			
61				79				97			
62				80				98			
63				81				99			
64				82				100			
65				83							
66				84							

※ 5급 과정을 모두 마친 다음에 모의고사 답을 이 곳에 기재하세요.

수험번호 □□□-□□-□□□□ 성명 □□□□□

주민등록번호 □□□□□□-□□□□□□□ ※유성 싸인펜, 붉은색 필기구 사용 불가.

※답안지는 컴퓨터로 처리되므로 구기거나 더럽히지 마시고, 정답 칸 안에만 쓰십시오.
글씨가 채점란으로 들어오면 오답처리가 됩니다.

제 3회 한자능력검정시험 5급 답안지(1)

답 안 지		채점란		답 안 지		채점란		답 안 지		채점란	
번호	정 답	1검	2검	번호	정 답	1검	2검	번호	정 답	1검	2검
1				17				33			
2				18				34			
3				19				35			
4				20				36			
5				21				37			
6				22				38			
7				23				39			
8				24				40			
9				25				41			
10				26				42			
11				27				43			
12				28				44			
13				29				45			
14				30				46			
15				31				47			
16				32				48			

감 독 위 원	채 점 위 원 (1)		채 점 위 원 (2)		채 점 위 원 (3)	
(서명)	(득점)	(서명)	(득점)	(서명)	(득점)	(서명)

※본 답안지는 컴퓨터로 처리되므로 구기거나 더럽혀지지 않도록 조심하시고 글씨를 칸 안에 또박또박 쓰십시오.

제 3회 한자능력검정시험 5급 답안지(2)

답 안 지		채점란		답 안 지		채점란		답 안 지		채점란	
번호	정 답	1검	2검	번호	정 답	1검	2검	번호	정 답	1검	2검
49				67				85			
50				68				86			
51				69				87			
52				70				88			
53				71				89			
54				72				90			
55				73				91			
56				74				92			
57				75				93			
58				76				94			
59				77				95			
60				78				96			
61				79				97			
62				80				98			
63				81				99			
64				82				100			
65				83							
66				84							

5급 확인학습·예상 문제·총정리 해답

· 단원 확인 학습 (18p~19p)

1. 1)참가 2)가능성 3)개량 4)거 5)과거 6)요건 7)건 8)건물 9)경 10)경
2. 1)④ 2)① 3)② 4)⑦ 5)③ 6)⑧ 7)⑤ 8)⑨ 9)⑩ 10)⑥

· 예상 문제 (20P~23P)

1. 1)가중 2)가능 3)개정 4)과거 5)거동 6)물건 7)건전 8)건국 9)경관 10)경합 11)가속 12)불가 13)개명 14)거래 15)거사 16)사건 17)건재 18)건립 19)풍경 20)경기
2. 1)옳을 가 2)고칠 개 3)더할 가 4)갈 거 5)세울 건 6)다툴 경 7)물건 건 8)굳셀 건 9)들 거 10)별 경
3. 1)④ 2)⑧ 3)⑥ 4)⑩ 5)⑦ 6)⑤ 7)② 8)①
4. 1)加入 2)改名 3)去來 4)健在 5)景氣
5. 1)③ 2)⑤ 3)① 4)②
6. 

· 단원 확인 학습 (36p~37p)

1. 1)경 2)고 3)고 4)곡선 5)교 6)구출 7)품귀 8)법규 9)발급 10)경기
2. 1)⑥ 2)③ 3① 4)⑤ 5)⑦ 6)⑧ 7)② 8)⑩ 9)④ 10)⑨

· 예상 문제 (38P~41P)

1. 1)경중 2)고정 3)고고 4)곡명 5)육교 6)구급 7)귀하 8)규격 9)급식 10)기능 11)경거 12)고유 13)참고 14)작곡 15)대교 16)구국 17)귀족 18)규정 19)월급 20)구기
2. 1)굳을 고 2)법 규 3)굽을 곡 4)재주 기 5)다리 교 6)생각할 고 7)구원할 구 8)귀할 귀 9)가벼울 경 10)줄 급
3. 1)⑨ 2)③ 3)⑥ 4)② 5)① 6)④ 7)⑩
4. 1)固體 2)陸橋 3)救命 4)貴重 5)給水
5. 1)④ 2)① 3)② 4)③ 5)⑤
6. 給

· 단원 확인 학습 (54p~55p)

1. 1)단기 2)기 3)길 4)화단 5)덕담 6)도 7)도대체 8)낙 9)냉 10)대량
2. 1)⑨ 2)⑧ 3)⑥ 4)⑤ 5)⑩ 6)① 7)⑦ 8)② 9)④ 10)③

· 예상 문제 (56P~59P)

1. 1)기간 2)기차 3)길일 4)교단 5)담화 6)반도 7)도시 8)낙심 9)냉전 10)중량 11)기대 12)시기 13)길흉 14)단상 15)면담 16)낙도 17)수도 18)낙하 19)냉기 20)계량
2. 1)섬 도 2)떨어질 락 3)헤아릴 양 4)찰 랭 5)단 단 6)길할 길 7)도읍 도 8)물끓는김 기 9)기약할 기 10)말씀 담
3. 1)⑥ 2)④ 3)⑨ 4)⑩ 5)① 6)② 7)③
4. 1)時期 2)相談 3)落島 4)冷水 5)力量
5. 1)④ 2)① 3)② 4)③ 5)⑤
6. 

· 단원 확인 학습 (72p~73p)

1. 1)발령 2)두령 3)음료 4)마력 5)주말 6)망 7)매 8)매 9)무 10)공배수
2. 1)⑨ 2)⑩ 3)① 4② 5)⑤ 6)③ 7)⑦ 8)⑧ 9)⑥ 10)④

· 예상 문제 (74P~77P)

1. 1)명령 2)영토 3)요금 4)마차 5)연말 6)망명 7)매입 8)매출 9)무료 10)배수 11)영부인 12)영공 13)요리 14)마부 15)말기 16)망국 17)망신 18)매매 19)무효 20)배가
2. 1)끝 말 2)헤아릴 료 3)없을 무 4)곱 배 5) 말 마

6)살 매 7)팔 매 8)망할 망 9)하여금 령 10)거느릴 령
3. 1)① 2)③ 3)② 4)⑨ 5⑤ 6)⑧
4. 1)倍加 2)賣買 3)賣店 4)要領 5)材料
5. 1)③ 2)① 3)④ 4)② 5⑤
6.

· 단원 확인 학습 (90p~91p)
1. 1)비 2)소비자 3)비 4)빙 5)사 6)사춘기 7)사 8)상 9)서 10)선
2. 1)② 2)⑩ 3)⑧ 4)⑥ 5)④ 6)① 7)⑦ 8)⑤ 9)③ 10)⑨

· 예상 문제 (92P~95P)
1. 1)대비 2)비용 3)비음 4)빙수 5)사생화 6)의사 7)조사 8)상금 9)서문 10)선행 11)비등 12)학비 13)소비 14)빙설 15)사본 16)사고 17)내사 18)입상 19)서곡 20)개선
2. 1)조사할 사 2)견줄 비 3)상줄 상 4)코 비 5)착할 선 6)베낄 사 7)얼음 빙 8)생각 사 9)차례 서 10)쓸 비
3. 1)⑤ 2)⑨ 3)⑩ 4)⑧ 5)③ 6)⑦ 7)⑥
4. 1)性比 2)會費 3)流氷 4)思考 5)賞品
5. 1)③ 2)⑥ 3)① 4)④ 5)② 6)⑤
6. 査

· 단원 확인 학습 (108p~109p)
1. 1)선 2)선 3)시 4)방안 5)어선 6)양어장 7)억 8)과열 9)말엽 10)한옥
2. 1)⑧ 2)① 3)② 4)⑥ 5)⑤ 6)④ 7)⑩ 8)⑦ 9)⑨ 10)③

· 예상 문제 (110P~113P)
1. 1)상선 2)선출 3)훈시 4)답안 5)어부 6)어류 7)일억 8)열심 9)낙엽 10)가옥 11)선주 12)선수 13)표시 14)고안 15)어장 16)인어 17)수억 18)열망 19)엽서 20)옥상
2. 1)가릴 선 2)보일 시 3)더울 열 4)고기잡을 어 5)억 억 6)고기 어 7)집 옥 8)배 선 9)잎 엽 10)책상 안
3. 1)③ 2)⑦ 3)① 4)② 5)⑩ 6)④ 7)⑥
4. 1)展示 2)億 年 3)船長 4)落葉 5)法案
5. 1)③ 2)⑤ 3)① 4)② 5)④
6.

· 단원 확인 학습 (126p~127p)
1. 1)완 2)금요일 3)산림욕 4)우 5)웅 6)고원 7)대학원 8)원 9)위 10)이비
2. 1)① 2)⑧ 3)③ 4)⑦ 5)⑩ 6)④ 7)⑨ 8)② 9)⑥ 10)⑤

· 예상 문제 (128P~131P)
1. 1)완성 2)요일 3)욕실 4)한우 5)영웅 6)원리 7)법원 8)소원 9)순위 10)이목구비 11)완결 12)목요일 13)해수욕 14)우마 15)웅대 16)원료 17)병원 18)민원 19)학위 20)방위
2. 1)완전할 완 2)집 원 3)목욕할 욕 4)원할 원 5)자리 위 6)언덕 원 7)소 우 8)빛날 요 9)수컷 웅 10)귀 이
3. 1)⑤ 2)② 3)④ 4)① 5)⑦ 6)⑧ 7)⑩
4. 1)完全 2)原始 3)入院 4)所願 5)地位
5. 1)⑤ 2)① 3)② 4)④ 5)③
6.
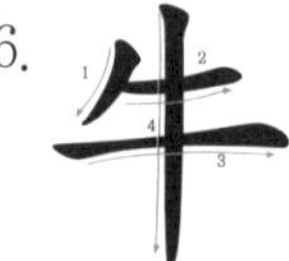

· 단원 확인 학습 (144P~145P)

1. 1)원인 2)재개 3)재 4)전쟁 5)저 6)적 7)정년 8)조 9)종 10)죄
2. 1)⑩ 2)④ 3)⑤ 4)⑧ 5)⑥ 6)⑦ 7)② 8)⑨ 9)③ 10)①

· 예상 문제 (146P~149P)

1. 1)원인 2)재건 3)화재 4)경쟁 5)저금 6)적색 7)정전 8)조심 9)종결 10)죄인 11)요인 12)재생 13)재해 14)언쟁 15)저수 16)적도 17)정차 18)조신 19)시종 20)죄악
2. 1)마칠 종 2)머무를 정 3)허물 죄 4)재앙 재 5)다툴 쟁 6)두 재 7)붉을 적 8)쌓을 저 9)잡을 조 10)인할 인
3. 1)⑤ 2)① 3)⑩ 4)② 5)⑦ 6)⑨ 7)④
4. 1)因果 2)無罪 3)再發 4)貯水量 5)操作
5. 1)⑤ 2)① 3)③ 4)② 5)④
6. 

· 단원 확인 학습 (162P~163P)

1. 1)지 2)애창곡 3)지하철 4)초등학교 5)최초 6)축 7)치 8)원칙 9)타 10)타작
2. 1)⑧ 2)⑨ 3)④ 4)① 5)⑥ 6)⑩ 7)⑦ 8)② 9)③ 10)⑤

· 예상 문제 (164P~167P)

1. 1)정지 2)독창 3)철도 4)초기 5)최고 6)축복 7)경치 8)규칙 9)타인 10)타자 11)중지 12)합창 13)철교 14)초면 15)최선 16)축가 17)일치 18)법칙 19)타국 20)타령
2. 1)부를 창 2)다를 타 3)칠 타 4)처음 초 5)그칠 지 6)이를 치 7)빌 축 8)법칙 칙, 곧 즉 9)가장 최 10)쇠 철
3. 1)④ 2)② 3)⑥ 4)⑧ 5)① 6)⑤ 7)③
4. 1)古鐵 2)初心 3)最大 4)反則 5)自他
5. 1)③ 2)④ 3)⑤ 4)② 5)①
6. 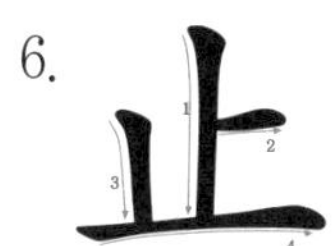

· 단원 확인 학습 (180P~181P)

1. 1)탁구 2)탄 3)판 4)실패 5)은하수 6)한심 7)허다 8)호서 9)환 10)흑
2. 1)⑧ 2)① 3)⑥ 4)③ 5)④ 6)② 7)⑨ 8)⑦ 9)⑩ 10)⑤

· 예상 문제 (182P~185P)

1. 1)식탁 2)석탄 3)빙판 4)승패 5)하천 6)한랭 7)허가 8)호수 9)환자 10)흑백 11)탁상 12)목탄 13)목판 14)패인 15)빙하 16)한기 17)특허 18)호남 19)후환 20)흑심
2. 1)패할 패 2)검을 흑 3)널 판 4)물 하 5)호수 호 6)숯 탄 7)허락할 허 8)높을 탁 9)근심 환 10)찰 한
3. 1)① 2)④ 3)⑩ 4)⑧ 5)⑤ 6)②
4. 1)合板 2)木炭 3)不許 4)患部 5)卓上
5. 1)① 2)④ 3)⑤ 4)③ 5)②
6. 

· 실전대비 총정리 (187P~193P)

1.귀인 2.화가 3.하천 4.방향 5.덕담 6.태양 7.가곡 8.가족 9.개명 10.동양 11.반도 12.영원 13.상금 14.온도 15.냉기 16.손자 17.요금 18.학급 19.빙설 20.공정 21.의원 22.과목 23.선수 24.금년 25.용건 26.자동 27.농우 28.동화 29.수도 30.편리 31.거국 32.회사 33.구국 34.독서 35.가능 36.미술 37.도량 38.도로 39.영웅 40.전후 41.배가 42.시간 43.선실

44.조상 45.양산 46.추석 47.정지 48.입춘 49.법칙
50.어부

51.세울 건 52.본받을 효 53.기약할 기 54.큰 덕
55.물끓는김 기 56.바탕 질 57.법 규 58.기를 양
59.섬 도 60.복 복 61.다리 교 62.무리 류 63.들 거
64.일할 로 65.가벼울 경 66.터 기 67.책상 안 68.예 구
69.곱 배 70.빛 색 71.검을 흑 72.누를 황 73.착할 선
74.정할 정 75.고기 어 76.특별할 특 77.얼음 빙
78.친할 친 79.하여금 령 80.새 신 81.두 재 82.겉 표
83.말 마 84.대답 답 85.패할 패 86.마실 음 87.없을 무
88.뜻 의 89.거느릴 령 90.글 서

91.現在 92.百番 93.力道 94.運動 95.開學 96.强力
97.級數 98.活力 99.時計 100.公平 101.今年 102.文明
103.入學 104.植木 105.道路 106.國語
107.電話 108.有名 109.來日 110.題目

111.③ 112.① 113.④ 114.⑤ 115.②

116.③ 117.① 118.④ 119.② 120.②

121.① 122.④ 123.① 124.③ 125.②

126.③ 127.⑤ 128.② 129.① 130.④

136.세 번째 137.아홉 번째 138.다섯 번째 139.열번 째
140.두 번째

141. 拳
142. 写
143. 争
144. 鉄
145. 軽

5급 모의 한자능력검정시험 해답

모의한자능력검정시험 (제1회)

[1] 1.참가
2.국가
3.구출
4.공간
5.대량
6.학교
7.영토
8.전기
9.마부
10.조상
11.빙설
12.신문
13.어류
14.지구
15.원료
16.적도
17.회장
18.축복
19.감기
20.거동
21.시계
22.명령
23.학비
24.요일
25.경쟁
26.무효
27.최선
28.실패
29.특허
30.낚시
31.저금
32.한우
33.빙판
34.환자
35.건전
[2] 36.고칠 개
37.볕 경
38.가벼울 경
39.가릴 선
40.차례 서
41.얼음 빙
42.곱 배
43.거느릴 령
44.책상 안
45.고기잡을 어
46.물끓는김 기
47.기다릴 대
48.헤아릴 료
49.예도 례
50.더할 가
51.멀 원
52.구원할 구
53.아침 조
54.두 재
55.부릴 사
56.이를 치
57.성 성
58.호수 호
[3] 59.學校
60.小人
61.老人
62.同生
63.東海
64.共同
65.代身
66.野球
67.各色
68.公正
69.食堂
70.童話
71.音樂
72.理由
73.反對
74.發表
75.直線
76.美術
77.書信
78.身體
[4] 79.②
80.①
81.④
[5] 82.④
83.⑩
84.⑥
85.①
[6] 86.②
87.①
88.④
[7] 89.②
90.④
91.①
[8] 92.②
93.⑤
94.③
[9] 95.다섯 번째
96.두 번째
97.③
[10] 98. 国
99. 写
100. 気

모의한자능력검정시험 (제2회)

[1] 1.참고
2.한국
3.법규
4.정오
5.욕실
6.청색
7.원인
8.전후
9.타국
10.자연
11.경치
12.시작
13.시종
14.용기
15.죄인
16.답지
17.옥상
18.석유
19.경중
20.속도
21.곡선
22.비음
23.재생
24.석탄
25.엽서
26.매매
27.기차
28.발급
29.건물
30.웅대
31.독도
32.길흉
33.합창
34.최초
35.호수
[2] 36.세울 건
37.도읍 도
38.상줄 상
39.소사할 사
40.다툴 쟁
41.원할 원
42.옳을 가
43.머무를 정
44.허락할 허
45.마칠 종
46.높을 탁
47.재주 술
48.그칠 지
49.움직일 운
50.빌 축
51.차례 제
52.인할 인
53.공변될 공
54.붉을 적
55.다스릴 리
56.단 단
57.거느릴 부
58.귀할 귀
[3] 59.生日
60.父母
61.時間
62.秋夕
63.休紙
64.神童
65.事業
66.所用
67.幸運
68.飮食
69.合意
70.昨年
71.天才
72.主題
73.注目
74.現在
75.會話
76.感情
77.上京
78.根本
[4] 79.③
80.④
81.⑦
[5] 82.③
83.④
84.⑦
85.②
[6] 86.④
87.②
88.⑧
[7] 89.②
90.④
91.⑧
[8] 92.④
93.①
94.②
[9] 95.여덟 번째
96.세 번째
97.③
[10] 98. 挙
99. 売
100. 独

모의한자능력검정시험 (제3회)

[1] 1.법원
2.소중
3.주말
4.직립
5.수도
6.가장
7.한랭
8.농사
9.초기
10.휴일
11.철도
12.약초
13.흑심
14.과학
15.재해
16.발표
17.빙하
18.각도
19.고인
20.한복
21.경기
22.민원
23.과열
24.원칙
25.선출
26.풍경
27.조심
28.대비
29.음료
30.입상
31.어선
32.단기
33.가능
34.순위
35.완성
[2] 36.갈 거
37.굳을 고
38.물건 건
39.길할 길
40.팔 매
41.착할 선
42.언덕 원
43.법칙 칙, 곧 즉
44.더울 열
45.찰 한
46.빛날 요
47.때 시
48.귀 이
49.낯 면
50.깃발 기
51.수컷 웅
52.사랑 애
53.고기 어
54.있을 재
55.생각 사
56.완전할 완
57.클 태
58.처음 초
[3] 59.南山
60.外三寸
61.登山
62.內外
63.數學
64.學級
65.先頭
66.番號
67.區別
68.使用
69.孫子
70.勝利
71.夕陽
72.言行
73.公園
74.石油
75.安定
76.太陽
77.方向
78.黃金
[4] 79.①
80.②

81.④
5 82.④
83.⑦
84.⑧
85.⑩
6 86.①
87.③
88.②
7 89.①
90.②
91.④
8 92.③
93.①
94.⑤
9 95.여덟 번째
96.첫 번째
97.①
10 98.争
99.鉄
100.画